行政诉讼之证据协力义务研究

李敬 著

知识产权出版社
全国百佳图书出版单位
—北京—

图书在版编目（CIP）数据

行政诉讼之证据协力义务研究 / 李敬著．—北京：知识产权出版社，2022.1
ISBN 978-7-5130-7887-0

Ⅰ.①行… Ⅱ.①李… Ⅲ.①行政诉讼—证据—制度—研究—中国 Ⅳ.①D925.3

中国版本图书馆 CIP 数据核字（2021）第 276523 号

责任编辑：齐梓伊　雷春丽　　**责任校对：**王　岩
封面设计：乾达文化　　**责任印制：**孙婷婷

行政诉讼之证据协力义务研究

李敬　著

出版发行：知识产权出版社有限责任公司　　**网　　址：**http://www.ipph.cn
社　　址：北京市海淀区气象路 50 号院　　**邮　　编：**100081
责编电话：010-82000860 转 8176　　**责编邮箱：**qiziyi2004@qq.com
发行电话：010-82000860 转 8101/8102　　**发行传真：**010-82000893/82005070/82000270
印　　刷：北京虎彩文化传播有限公司　　**经　　销：**各大网上书店、新华书店及相关专业书店
开　　本：880mm×1230mm　1/32　　**印　　张：**6.25
版　　次：2022 年 1 月第 1 版　　**印　　次：**2022 年 1 月第 1 次印刷
字　　数：192 千字　　**定　　价：**48.00 元

ISBN 978-7-5130-7887-0

目 录
Contents

引 言

诉讼中的证据协力义务是指不负举证责任的当事人及当事人以外的第三人，于法院证据调查阶段，积极提供证据以协助法院调查案件事实真相的义务。该义务是职权主义诉讼模式之下，注重法院职权地位的同时，强调当事人及当事人以外的第三人在诉讼中的作用。我国现行立法已经间接地昭示行政诉讼中的证据协力义务，如《中华人民共和国行政诉讼法》（以下简称《行政诉讼法》）第39条规定："人民法院有权要求当事人提供或者补充证据。"该法第40条规定："人民法院有权向有关行政机关以及其他组织、公民调取证据……"同时，该法第59条规定："诉讼参与人或者其他人有下列行为之一的，人民法院可以根据情节轻重，予以训诫、责令具结悔过或者处一万元以下的罚款、十五日以下的拘留；构成犯罪的，依法追究刑事责任：（一）有义务协助调查、执行的人，对人民法院的协助调查决定、协助执行通知书，无故推拖、拒绝或者妨碍调查、执行的……"虽然我国现行立法规定了行政诉讼中证据协力义务，但规定得不够具体、明确，并且关于违反协力义务制裁措施的规定散见于法律法规和司法解释中，缺乏系统性，仅存的规定也存在许多缺陷与不足，对当事人不能起到很好的威慑作用，从而导致诉讼中违反证据协力义务的情形较为普遍。笔者研究行政诉讼中证据协力义务源自这样一则案例：李某名不服辽宁省本溪市南芬区人民政府违法强制拆迁行政赔偿案。

李某名在辽宁省本溪市南芬区站前街拥有一处工业厂房，从事饲料加工经营，房屋所有权证记载的建筑面积为106平方米，实际面积达120平方米。2007年6月15日，站前街地区被列入南芬区棚户区改造计划，而李某名的工业厂房就属于被改造的对象之一。2008年3月13日，李某名接到一份由南芬区人民政府作出的《关于限期拆迁粮库至冷冻厂棚户区区域内房屋的通知》，被要求尽快与项目开发商协商拆迁，否则，南芬区人民政府将依法组织强制拆除。2008年3月28日，南芬区人民政府对李某名的房屋进行了强制拆除，然而，事先没有通知工厂人员到场，并且没有对被拆财物进行公证或者登记保全，也未办理任何相关的交接手续。强制拆迁过程中，生产设备遭到了严重的破坏，厂房内其他大量物品也被损坏。为此，李某名诉至法院，要求南芬区人民政府予以行政赔偿。案件审理中，李某名提供了有关损失事实的清单、相关照片、证人证言以及购买部分设施设备的发票与收据、生产月报表等证据。但南芬区人民政府认为，这些证据并不能完全地证明强制拆迁当时所造成的损失。南芬区人民政府这一异议虽然具有一定的合理性，但李某名主张其之所以对强制拆迁所遭受的损失无法举证，是因为南芬区人民政府实施强制拆除时并没有遵守法定程序制作现场笔录，也没有对财产进行公证。因此，是南芬区人民政府的违法行政行为致使李某名不能证明自己所遭受的损失。[①]

以上案件涉及行政法的许多问题，但其中一个最主要的问题是《行政诉讼法》上的证明妨碍问题。该案中被告行政机关不为证明协力义务，从而导致原告相对人无法举证。以上案件案发时《行政诉讼法》还未修改，适用《行政诉讼法》（1989 年）的规定，该法关于行政赔偿的举证责任问题并未作出明确规定，之后在 2000 年发布的《最高人民法院关于执行〈中华人民共和国行政诉讼法〉若干问题的解释》（法释〔2000〕8 号）（已失效）第 27 条规定："原告对下列事项承担举证责任：（一）证明起诉符合法定条件，但被告认为原告起诉超过起诉期限的除外；（二）在起诉被告不作为的案件中，证明其提出申请的事实；（三）在一并提起的行政赔偿诉讼中，证明因受被诉行为侵害而造成损失的事实；（四）其他应当由原告承担举证责任的事项。" 2002 年发布的《最高人民法院关于行政诉讼证据若干问题的规定》（法释〔2000〕21 号）第 5 条规定："在行政赔偿诉讼中，原告应当对被诉具体行政行为造成损害的事实提供证据。" 由此可见，在当时的立法依据之下，即使被告有妨碍行为，也无法免除原告的举证责任。即使被告不履行证明协力义务也无法对其进行制裁，这不得不说是当时立法的一大缺陷，对原告来说是不公平的。以上案件的损害事实是由被告有意造成的，从而增加了原告对损害事实的举证难度。在司法实践中，尤其是行政赔偿案件中，行政机关利用手中的公权力对抗行政相对人，产生了证明妨碍问题，影

① 佚名：《违法强拆行政赔偿诉讼之旅》，http：//www. 65law. cn/goodcase/28584. aspx，访问日期：2016 年 10 月 16 日。

响了行政相对人正常行使国家赔偿的请求权。

代表国家公权力的行政机关在实施行政行为、履行行政程序的过程中，在资源或是信息方面都比行政相对人更具优势，其掌握和持有行政程序中所形成的各种文件与事实证据，所以其有可能在之后的诉讼中为了谋求事实认定上的不利益而实施证明妨碍行为。有的行政主体在实施行政程序的过程中，甚至不善意地履行自己的职责，没有制作或者保全与案件相关的各种重要文件或者其他证据，从而导致行政相对人在之后的行政诉讼中处于更加不利的地位，甚至没有任何证据能够证明自己的主张，严重影响了相对人的合法权益。由此可见，这类案件的突出特点在于——证据的偏在性，即行政主体一方当事人掌握着大部分能够证明诉讼案件事实的证据资料，而且其常常是加害的一方。行政主体的加害行为是在其实施行政程序的过程中形成的，而行政程序又由行政机关控制，能够证明行政机关实施了加害行为的证据资料也是在行政程序中形成的。因此，这种证据偏在性导致了行政机关更容易实施证明妨碍行为，使行政相对人想通过诉讼获得权利救济变得更加困难，同时如果在这种情况下，仍然机械地适用举证责任原则，让负举证责任的相对人来承担此种证明上的不利后果，难免会让人产生不公平之感。那么，如何规制行政机关实施妨碍行为，笔者认为可以通过设置某种规则对此种证明上的不利后果在负举证责任的相对人和实施证明妨碍行为的行政主体之间进行适当的调整，以此来使相对人拥有充足的证据收集手段与证明能力，更好地保障相对人的合法权益，使其能真正通过诉讼获得权利上的救济。具体而言，原告行政相对人对损害的事实需要提供证据，那么被告行政机关在该类诉讼中也应当负有相应义务。若违反此项义务，行政机关应当承担不利的法律后果。与此同时，可以通过增加行政机关实施证明妨碍行为的成本，抑制行政机关的妨碍行为，保障诉讼当事人对诉讼资料的平等利用，从而实现司法裁判的公平、公正。

为了应对这一困境，2014 年修正的《行政诉讼法》对该问题作了回应。2014 年《行政诉讼法》第 38 条第 2 款规定："在行政赔偿、补偿的案件中，原告应当对行政行为造成的损害提供证据。因被告的原因导致原告无法举证的，由被告承担举证责任。"由此，在行政赔偿案件中，原告本应提供损害事实的证据，但如果因为被告的妨碍行为导致其无法举证的，则由被告行政机关承担举证责任。具体来讲，对于行政赔偿案件，诉讼中原告应当对损害的事实提供证据，而对损害事实不负举证责任的被告则负有不为证明妨碍的义务，如果被告行政机关违反了该义务，则应承担举证责任转换的不利的法律后果。此项规定利用证据协力义务为杠杆来调和存在证据偏在性的案件中当事人诉讼地位不平等的问题，这不得不说是立法在该项规定上的一大进步，呼应了司法实践中的现实问题，更好地保障了行政相对人的合法权益。因此，在诉讼中须科以不负举证责任的当事人不为证明妨碍的义务，从而使双方当事人拥有实质平等的证据举证能力，保证法院裁判的公平与公正。2017 年修正的《行政诉讼法》保留了第 38 条的规定，同时根据其第 59 条的规定，对于违反证据协力义务的当事人，可以对其施以训诫、责令具结悔过、罚款、拘留、构成犯罪的追究刑事责任这五种制裁措施。由此可以看出，我国现有立法对当事人违反证据协力义务的行为，已经作出相关规定，但是在现有立法之下，为何依然会存在当事人违反该义务的行为？本书认为，究其原因，不仅在于现有立法存在不足，而且在于仅有的规定存在设计上的不科学性。如《行政诉讼法》第59条规定的制裁措施主要为针对施行证明妨碍人本身进行的惩罚，而没有考虑到该义务人违反该义务的真正目的所在，从而导致该条规定设计得不够科学，即不利后果与从事此种行为所获得的不当利益是不相匹配的。具体来说，不负举证责任的当事人阻止证人作证或者毁灭、伪造证据，是为了使负举证责任的当事人无法提供重要证据，从而谋求自己在事实认定上的不正当利益，以使对方当事人败诉。于是，宁愿承受此条规定的不利后果，但由此可能获得诉讼上的胜利。因此，该项规定用于抑制当事人违反证据协力义务的实际效果可能会大打折扣。

《行政诉讼法》第1条规定了立法目的，即“为保证人民法院公正、及时审理行政案件，解决行政争议，保护公民、法人和其他组织的合法权益，监督行政机关依法行使职权，根据宪法，制定本法”。因此，公民合法权益的保护和行政合法性的确保，向来是建立行政诉讼制度的根本目的所在。但现实中这两个目的常常难以兼顾，故必须有所取舍或处理谁先谁后的关系。纵观各国行政诉讼的发展史，所谓“法规维持说”和“权利保护说”①，或者“主观的权利保护”和“客观的合法性控制”之间，常处

① 法规维持说认为，行政诉讼之目的，应以法规之维持为导向，若以此观点，则行政诉讼之目的在于行政适法性之控制与法规维持，在诉讼种类方面，采行撤销违法行为之撤销诉讼即已足够；权利保护说认为，基于权利保护之完善性，诉讼种类应增多而不限于撤销诉讼，只要涉及公民权利之事项，诉讼种类亦应增多而不限于撤销诉讼，盖因裁量只涉及司法与行政的权力分际，而非权利之界限。蔡志方：《行政救济法新论》，元照出版有限公司，2007，第110～112页。

于彼此“拔河”的状态[1]。虽然第二次世界大战后行政诉讼制度的发展更强调公民权利的保护[2]，但是行政诉讼上真正的权利保护仍然建立在客观的合法性控制上，因此可以说，虽然“法规的维持”和“权利的保护”具有目的和手段的关系与谁先谁后的争论，但是权利的保护和行政的合法性的确是行政诉讼中法院面对的两大根本任务。而且，如果没有查明案件事实和正确运用法律，当然也就没有真正的依法行政和权利保护了。正是基于这个原因，在行政诉讼上，诉讼所争论的事实能否完全掌握就十分重要。但是从事行政审判的法官也是普通人，行政案件所具有的复杂性与专业性，需要专业知识和有关制度赋予其权力，若只靠他们自身的力量，掌握案件争议的事实常常是困难的，这是当前行政诉讼实务面临的难题之一。

同时，公平、公正的裁判，必须依据案件事实和正确的法律。自20世纪中叶以来，各国无不致力于追求权利保护的实效性或有效性，而有效的行政诉讼，必须兼顾公正、正确、及时等完善性的要求。其中，最值得我们注意的是，行政诉讼如何在最短的时间内获得最公正的裁决这个问题。随着各国人权意识的高涨和行政活动的蓬勃，行政诉讼案件的增长和法院审判的压力已经是普遍现象和被急切关注的课题。[3] 不过，在行政案件种类多元化与复杂的今天，从事行政审判的法官如何及时迅速地掌握案

① 关于这两者的关系和在各国的发展，参见翁岳生主编《行政诉讼法逐条释义》，五南图书出版股份有限公司，2002，第25页。

② 蔡志方：《行政救济与行政法学（一）》，三民书局，1993，第101页。

③ 蔡志方：《行政救济与行政法学（二）》，三民书局，1993，第389页。

件的事实，并作出公正的裁决，这是当前行政诉讼面临的另一个难题。

此外，有学者认为当代行政诉讼面临的两大难题为：其一权利保护与行政合法性的兼顾，其二诉讼裁决的公正性与及时性的兼顾。[①] 但是，现有的司法实践却存在以下问题：一方面，从事行政审判的法官，由于其法律知识与认识水平的有限，以及行政案件所具有的复杂性，常常没有办法靠自己的力量和知识知晓一切；另一方面，诉讼中当事人隐匿、拒绝提供证据，证人、鉴定人不出庭作证的现象屡见不鲜，严重阻碍了法院查明案件事实，导致诉讼拖延，效率低下，这些都影响了法官作出公正的裁决并造成诉讼成本的增加，最终将动摇司法的权威。因此，若想发现案件事实，并且寻找到正确的法律依据，如果没有获得和诉讼有关人员的真诚合作，即使最后仍能够发现案件的事实，但相较于获得当事人充分合作则自然会困难些。

《行政诉讼法》制定于20世纪80年代末期，当时中国的法学理论虽远远未如今日之发达，但其出台之时正处于经济体制改革方兴未艾、政治体制改革跃跃欲试、学界思想活跃畅所欲言的时期。《行政诉讼法》的制定和实施，为中国社会从人治向法治转型，从公权力行使不受制约向受法律制约转型奠定了制度基础并开辟了行进道路。但是，《行政诉讼法》制定之时，我国市场经济体制尚未正式确立，保护人权尚未入宪。时代的局限使该法当时确立的规则、制度存在诸多缺陷和不足，从而使行政诉讼在

① 蔡志方：《论行政争讼程序上的当事人协力义务》，载台湾行政法学会：《当事人协力义务、行政调查、"国家赔偿"》，元照出版公司，2006，第165页。

实际运行中出现了种种困难和障碍，主要表现在立案难、审理难、执行难等方面，整个制度运行举步维艰，以至于难以发挥预期效果。受到行政侵权的公民、法人和其他组织宁愿信访不信法，官民矛盾不能通过法治方式有效化解，这种情况影响了社会的安宁、稳定。[①] 为此，最高人民法院在《行政诉讼法》颁布实施后，于2000年出台了《最高人民法院关于执行〈中华人民共和国行政诉讼法〉若干问题的解释》，2002年又出台了《最高人民法院关于行政诉讼证据若干问题的规定》。这些司法解释增进了《行政诉讼法》的实施效率，形成了一些新制度。但是，《行政诉讼法》的一些结构性缺陷并非司法解释能够解决，司法解释与《行政诉讼法》之间的某些矛盾也需要协调。同时，该法施行多年来，社会经济生活发生了巨大的变化，行政审判实践中出现了诸多问题亟待解决，理论和实务界对制度变革期望表现得更为强烈，十余年时间内理论界在开展学术探讨的基础上先后提出《〈行政诉讼法〉修改（专家）建议稿》已达近十稿，终于在2014年11月1日全国人大常委会审议通过了修改《行政诉讼法》的决定，并于2015年5月1日起开始施行。[②] 随后，2017年6月27日第十二届全国人大常委会第二十八次会议决定对《行政诉讼法》作出进一步修改，并于2017年7月1日起施行。这两次修改无论在理论界还是实务界都引起了广泛的关注，修改

---

① 姜明安：《行政诉讼法修改的若干问题》，《法学》2014年第3期，第16～25页。

② 童卫东：《进步与妥协：〈行政诉讼法〉修改回顾》，《行政法学研究》2015年第4期，第22～32页。

《行政诉讼法》的理念之一就是总结法院多年来行政审判实践中的经验，并将其中有益经验上升为法律。1989 年《行政诉讼法》法条本身只有 75 条，诸多具体内容都是通过之后的司法解释予以明确，所以最高人民法院 2000 年公布的《最高人民法院关于执行〈中华人民共和国行政诉讼法〉若干问题的解释》达 98 条。2017 年修改的《行政诉讼法》条文数增加到 103 条，将许多以往规定在《最高人民法院关于执行〈中华人民共和国行政诉讼法〉若干问题的解释》和《最高人民法院关于行政诉讼证据若干问题的规定》中的内容，明确规定在《行政诉讼法》中，同时将实践中的一些制度性的规定上升为法律，从而使诉讼制度更科学系统。为了便于深入理解《行政诉讼法》以及指导行政审判工作，最高人民法院于 2018 年 2 月 8 日施行了《最高人民法院关于适用〈中华人民共和国行政诉讼法〉的解释》（法释〔2018〕1 号），该司法解释与《行政诉讼法》（2017 年）同步实施。本书此后所称《行政诉讼法》若无说明，均指 2017 年施行的《行政诉讼法》，涉及《最高人民法院关于适用〈中华人民共和国行政诉讼法〉的解释》均指 2018 年施行的司法解释，下文简称《行政诉讼法解释》，2002 年出台的《最高人民法院关于行政诉讼证据若干问题的规定》下文简称《行政诉讼证据规定》。

2014 年修改的《行政诉讼法》扩大了受案范围，规定了行政机关不得干预或阻碍法院立案、登记立案、延长起诉期限、跨区域管辖、行政首长出庭等。这次《行政诉讼法》的修改有明显进步，但也留下一些未解的课题，关于证据协力义务的相关内容仍没有明文规定，2017 年修改的《行政诉讼法》也未作规定，但这并不代表《行政诉讼法》对这一具体规则的排斥，实际上现行法律的若干条文和相关司法解释都笼统和模糊地体现了证据协力义务的内容和要求。例如，《行政诉讼法》第39条规定："人民法院有权要求当事人提供或者补充证据。"该法第40规定："人民法院有权向有关行政机关以及其他组织、公民调取证据。但是，不得为证明行政行为的合法性调取被告作出行政行为时未收集的证据。"同时，《行政诉讼法》虽然没有规定当事人负有陈述义务，但是该法第33条第1款第6项将当事人的陈述列为法定证据之一。从该法第58条①与第66条②的规定可以看出，行政诉讼的当事人负有到场义务与陈述义务。此外，除了《行政诉讼法》之外，《行政诉讼证据规定》也对证据协力义务作出了间接性的规定。例如，《行政诉讼证据规定》第41条"凡是知道案件事实的人，都有出庭作证的义务"和第47条"当事人要求鉴定人出庭接受询问的，鉴定人应当出庭"的规定，可以认为是关于证据协力义务之证人义务与鉴定义务的规定。由此可见，现行立法关于证据协力义务已作出间接性的规定。但是，同时应当看到，现行立法就违反证据协力义务将受到何等不利的法律后果的规定也存在诸多问题，从而使证据协力义务沦为不具有约束力的道德性义务。法律欲科以义务人证据协力义务，其规定应当

① 《行政诉讼法》第58条规定："经人民法院传票传唤，原告无正当理由拒不到庭，或者未经法庭许可中途退庭的，可以按照撤诉处理；被告无正当理由拒不到庭，或者未经法庭许可中途退庭的，可以缺席判决。"

② 《行政诉讼法》第66条第2款规定："人民法院对被告经传票传唤无正当理由拒不到庭，或者未经法庭许可中途退庭的，可以将被告拒不到庭或者中途退庭的情况予以公告，并可以向监察机关或者被告的上一级行政机关提出依法给予其主要负责人或者直接责任人员处分的司法建议。"

具有明确性，不仅使当事人能够了解其负有义务的内容，还应当使其明确若违反该义务将会遭受的法律不利后果。若不明确且具体地规定违反证据协力义务相应的法律后果，仅为训示性的规定，则不能令违反者负担不利的法律后果，不会对其造成威慑力，法律最终将形同虚设。

目前，行政诉讼证据协力义务在大陆法系一些国家和地区，如德国、日本的行政诉讼法中得到了确认。反观我国，对于证据协力义务的理论研究仍比较落后，[①] 证据协力义务的研究视角以

---

① 目前学界尚无学者对行政诉讼中证据协力义务进行系统研究。即使作为证据法之基本术语，证据调查协力义务亦未见诸证据法教材以及学者论文。目前学界关于各种具体证据之协力义务的研究也很滞后，就目前笔者收集的资料来看，对于协力义务的研究主要集中在民事诉讼与行政程序领域，在行政诉讼领域却鲜有提及，仅在税务行政诉讼中有所研究。其中，涉及民事诉讼证据协力义务的著作仅有一本，即占善刚教授出版的《证据协力义务之比较法研究》，该书对民事诉讼证据协力义务做了全面系统的研究。其他的均为论文，如辜恩臻：《论当事人协力义务的正当性与制度构建》，《东南司法评论》2008 年第 00 期；占善刚、刘丹：《民事诉讼中的勘验协力义务论析》，《证据科学》2013 年第 5 期；毕玉谦：《民事诉讼文书提出协力义务与立法设计》，《人民法院报》2010 年 12 月 29 日第 7 版；赵信会、韩清：《民事诉讼证明妨碍制度的构建——以协同主义理论为视角》，《河北法学》2012 年第 9 期；张晓霞：《论民事诉讼中的证明妨碍》，《法学杂志》2010 年第 S1 期；熊洋：《证据协力义务视野下的民事非法证据排除规则》，《武陵学刊》2011 年第 1 期。在税务行政诉讼研究中，已有学者注意到证据协力义务存在的必要，并进行了相关研究。如韩朝炜：《我国税务行政诉讼举证责任分配制度的构建》，《经济导刊》2012 年第 1 期。对行政程序制度中相对人协力义务也有学者研究，如宋雅芳：《论行政调查中相对人协助义务的限度》，《河南社会科学》2006 年第 5 期；陈峰、黄学贤：《协力行政的兴起及其行为型态探析》，《求是学刊》2010 年第 1 期；华燕：《论行政程序中相对人迟延举证及其诉讼后果——兼谈对〈最高人民法院关于行政诉讼证据若干问题的规定〉的检讨》，《行政法学研究》2011 年第 4 期；章剑生：《论行政处罚中当事人之协助》，《华东政法学院学报》2006 年第 4 期；江春明：《卫生行政处罚调查程序中相对人协力行为研究》，《中国卫生法制》2011 年第 5 期。尽管既有的研究成果不算丰富，但这些文献也为行政诉讼中证据协力义务的进一步研究提供了基础和积累了经验。

及成果都极为有限，立法上也存在诸多缺陷，正如前文所述，《行政诉讼法》并未就证据协力义务作出明确的规定，对违反证据协力义务的制裁措施规定得也不明确。因此，本书立足于“中国问题”，以证据协力义务作为主题来进行探讨。

第一章　行政诉讼证据协力义务概述

行政诉讼中证据协力义务已在大陆法系国家如德国、日本立法中确立，从而使得这一制度逐渐为其他国家或地区的立法所接受并且受到了理论界与实务界的广泛关注。目前，我国虽然对证据协力义务的研究较少，但随着司法实践中当事人隐匿、拒绝提供证据，证人不出庭作证的现象日益严重，以及诉讼中诚实信用原则在立法上的确立，证据协力义务逐渐进入理论界的视野。

第一节　行政诉讼证据协力义务的界定

一、行政诉讼证据协力义务的概念

（一）行政诉讼证据协力义务的内涵

根据《汉语大辞典》的解释，“协力”是“合力，共同努力”①

① 《汉语大辞典》，上海辞书出版社，1986，第879页。

的意思。由此，行政诉讼中证据的“协力”应当是指当事人以及当事人以外的第三人互相协作、共同努力。

民事诉讼理论上将不负举证责任的当事人以及当事人以外的第三人协助受诉法院进行证据调查的义务总称为证据调查协力义务，简称证据协力义务。① 主要是在证据调查阶段对不负举证责任的当事人及当事人以外的第三人设置一定的证据提出义务，以此来协助法院调查案件的事实证据。基于行政诉讼与民事诉讼的同源性，许多国家或地区规定行政诉讼准用民事诉讼的规定，所以行政诉讼中也可能存在证据协力义务。

那么，这个概念能否直接迁移到行政诉讼领域？本书持肯定态度。这个概念体现了证据协力义务的主体、相对方、内容。首先，行政诉讼中履行证据协力义务的主体同样是不负举证责任的当事人以及当事人以外的第三人。其次，证据协力义务的相对方为代表国家行使审判权的法院，证据协力义务的主体需协助法院查明案件事实，而非协助对方当事人。最后，证据协力义务的内容均是在证据调查阶段提供证据，协助法院查明案件的事实。因此，可以认为民事诉讼中关于证据协力义务的概念可以直接迁移到行政诉讼中。

综上所述，行政诉讼证据协力义务是指：在行政诉讼中，不负举证责任的当事人以及当事人以外的第三人负有积极提供证据以协助法院调查案件事实的义务，如因过错违反上述义务，则应承担不利的法律后果。基于以上定义，要理解行政诉讼证据协力

① 占善刚：《证据协力义务之比较法研究》，中国社会科学出版社，2009，第8页。

义务，应把握以下几个方面。

1. 行政诉讼证据协力义务的主体为不负举证责任的当事人以及当事人以外的第三人

行政诉讼中，如果法院在证据调查阶段查明案件所必须的证据在承担举证责任一方当事人手里，法院对此类证据的调查往往较易进行，但是有时存在另一种情形，即负有举证责任一方当事人由于客观原因发生不可归责的举证困难，而查明案件所必须的证据在不负举证责任的当事人或者当事人以外的第三人手中，需要其协助才可取得。那么，此时若仅根据举证责任分配原则，使负有举证责任一方当事人因为客观原因造成的举证困难而承担不利的诉讼后果，则有违公平。于是，为了弥补此类诉讼中负有举证责任一方当事人因证据收集能力和手段受限而处于劣势的诉讼地位，实现双方当事人在诉讼中真正的平等，应当通过法律的规定，科以不负举证责任的当事人或当事人以外的第三人将持有的证据提交法院的义务，如果其不履行该义务，法院将科以其不利的法律后果。因此，证据协力义务的主体是不负举证责任的当事人以及当事人以外的第三人，而不是负举证责任的当事人。负举证责任的当事人向法院提供证据的行为是受到举证责任原则调整的，并且承担举证责任的当事人是否向法院提供证据主要取决于自己的意愿，即使其不提供，法院也不能够强制其提供，只是可能当案件真伪不明时依举证责任原则其要承担败诉的风险。而要求不负举证责任的当事人以及当事人以外的第三人积极提供证据属于履行证据协力义务的内容，如果其不履行该义务，法院将会采用相应的制裁措施强制其提出与案件相关的证据。

2. 行政诉讼证据协力义务的相对方为法院

行政诉讼证据协力义务的相对方为代表国家行使司法审判权的法院，主要是对法院审判活动的协力。① 即使有时间接表现为对对方当事人的协力，其实质还是对法院发现案件事实作出公正审判的协助。行政诉讼证据协力义务的履行，不仅拓宽了法院调查事实的方向，还增加了进一步认识案件事实的可能性，也扩大了法院行使职权调查的范围。因此，有些学者说，让当事人履行证据协力义务，是法院调查案件事实的方法，同时有助于法院履行其调查的职权。②

3. 行政诉讼证据协力义务从性质上来说属于义务行为而非负担行为

证据协力义务虽名为义务，但它的性质到底是负担还是义务？负担与责任同义，指当事人并非基于法律强制而为一定行为，其之所以作出该行为，是基于个人利益，此种规范效果并非对当事人的行为进行评价，行为人没有必须作为的义务，而仅就其自身利益因作为或不作为可能遭受危险或不利益，如举证责任。承担举证责任的当事人可以选择积极地收集并且提交与案件相关的事实证据，以期达到法官对其所主张的事实能够形成心证，从而作出对自己有利的裁判。或者，该当事人也可以选择消极的不作为，不积极地提供与案件相关的事实证据。法律规范对

① 占善刚：《证据协力义务之比较法研究》，中国社会科学出版社，2009，第9页。

② 吴东都：《行政诉讼之举证责任——以德国法为中心》，学林文化事业有限公司2001年版，第90页。

于当事人是否履行举证行为并无绝对倾向性要求，而只是规定了不履行的行为后果。该当事人选择消极的不作为，不积极地提供与案件相关的事实证据，将会导致法官对其所主张的事实难以形成内心确认，由此承担相应的不利后果。从某种角度来看，负担像是设置一种游戏规则，对游戏者本身的行为不存在是非对错的评价，仅对特定的行为设置相应的结果。而义务是法律强制要求应为一定作为或不作为，一方当事人违反义务不仅涉及该方当事人自己的利益，还可能会对他方当事人的利益造成影响，通常对违反义务的会进行一定的制裁。[①] 具体来说，义务更强调诉讼当事人的行为本身对诉讼整体的意义。首先，它强调当事人的行为将影响其他诉讼主体的利益。其次，鉴于这种影响它要求当事人为特定的行为（包括作为和不作为）。最后，在当事人由于可归责的原因而没有为特定行为时，将对其科以不利的法律后果。[②] 例如，诉讼法中关于当事人真实义务、诉讼促进义务的规定就属于义务规范的内容。当事人承担的证据协力义务对案件事实的查明有较大影响，关系到诉讼中各方的利益，根据上文所述，如果其违反该义务，将承受法律规定的不利后果。从这种意义上来看，对证据协力义务的规定应属于该分类中的义务规范，诉讼中证据协力义务的履行不仅影响到双方当事人的诉讼利益，还涉及法院所代表的司法公益。同时，证据协力义务是当事人对代表国家行

① 王瑶：《不负举证责任一方当事人之事案解明义务》，硕士学位论文，中国政法大学，2010。

② 辜恩臻：《论当事人协力义务的正当性与制度构建》，《东南司法评论》2008年第00期，第51~55页。

使司法审判权的法院所尽的义务，在性质上其为公法上的义务而非私法上的义务，所以若当事人违反该义务将受到公法的制裁。

（二）行政诉讼证据协力义务的外延

在大陆法系国家，民事诉讼和行政诉讼的立法通例是将法定的证据类型规定为人证、书证、鉴定、勘验及当事人询问这五种证据。这五种证据类型是从证据的调查形式层面而非从证据资料或证据方法的层面进行划分的。

具体来讲，人证是当事人本人及其法定代理人以外的第三人，在他人的诉讼中，陈述自己观察到的具体事实的结果，也称证人。证人的言辞陈述即为证言，以证言作为证据资料的证据调查形式，即为证人询问。书证是以法官阅读文书上所记载的意思或思想并以该内容作为证据资料的证据调查形式。鉴定是以拥有特别学识经验的第三人向法院提供判断或意见的证据调查形式。勘验是法官在诉讼中对某种特定物、场所或人就其存在、状态等进行查验、拍照、测量等取得证据资料的证据调查形式。当事人询问是以作为诉讼主体的当事人所陈述的案件事实作为证据资料的证据调查形式。

针对这五种证据，从理论上来说应当存在五种证据协力义务，即证人义务、文书提交义务、鉴定义务、勘验义务以及当事人询问义务。① 该类义务的履行方式包括向法院提出证据或者向法院陈述其所知晓的事实结果或者对于专门事项的判断。此外，

① 占善刚：《证据协力义务之比较法研究》，中国社会科学出版社，2009，第12页。

当事人的证据协力义务还包括不为证明妨碍行为的义务。具体而言有如下几种情形。

（1）证人义务是指知道案件具体情况的当事人以及当事人以外的第三人，负有将自己所知道的案件情况及自身体验的事实告知法院的义务，具体包括到场义务、宣誓义务以及证言义务。[①] 凡知道案件事实的人，都有出庭作证的义务。就其性质而言，其属于公法上的义务，是证人对代表国家行使审判权的法院所尽的义务，因此，对违反此义务的证人应当科以不利的制裁措施。制裁措施一般包括负担其不到场而产生的诉讼费用，或者处以罚款、拘留、拘传等强制措施。同时，虽然证人负有出庭作证的义务，但是如果因此让其本人或者其近亲属承担不必要的经济损失或者人身威胁等不利后果，对其而言显然是不公平的，所以针对此类情形，法律应当赋予证人一定情形下的证言拒绝权，这是证人义务存在的前提条件。

（2）文书提交义务是指诉讼中不负举证责任的当事人以及当事人以外的第三人将所持有的文书提交法院进行证据调查的义务。[②] 以文字或者一般人知晓的符号，将人的意思或者其思想记载于有形物，此有形物称为文书。书证，即作为证据的文书，是指以其内容、文字、符号、图画等来表达一定思想并用以证明案

① 占善刚：《证据协力义务之比较法研究》，中国社会科学出版社，2009，第143页。

② 钱颖萍：《论大陆法系证据调查及其对我国的启示——以当事人的权利保障为中心》，载《河北法学》2012年第5期，第162～169页。

件事实的材料。[①] 书证是以文书为证据资料，如行政机关的文件、文书、函件、处理决定。作为行政机关作出行政行为的依据的规范性文件，是行政机关在诉讼中必须提交的书证。[②]

当事人对四类文书负有提交义务：①引用文书。引用文书是指当事人自己持有的文书，为了使案件的审理能朝着有利于自己的方向开展，而在诉讼中积极主张其内容或存在的文书。[③] ②阅览或交付文书。阅览或交付文书是指举证人对文书持有人享有实体上的交付或阅览请求权的文书。③法律关系文书。法律关系文书是指就举证人和文书持有人之间的法律关系所作出的文书。④利益文书。利益文书是指为举证人的利益而作出的文书。[④]

对于当事人而言，若其违反证据协力义务，不提交其所持有的文书，则应当受到公法上的一定制裁。一般而言，当事人违反证据协力义务常常是为了谋求裁判上的不正当利益，因此，法院可以认定举证人关于该文书本身的主张为真实，甚至可以认定举证人关于文书应证的事实为真实。

对于诉讼中当事人以外的第三人而言，由于其并不是诉讼的主体，与诉讼的裁判结果并无直接的利害关系，因而其所负有的文书提交义务应当轻于诉讼当事人。但是如果该第三人对于文书的提交具有不可期待的情形时，如涉及其个人隐私、商业秘密等

---

① 姜明安：《行政法与行政诉讼法（第六版）》，北京大学出版社、高等教育出版社，2011，第521页。

② 钱颖萍：《论大陆法系证据调查及其对我国的启示——以当事人的权利保障为中心》，《河北法学》2012年第5期，第162～169页。

③ 曹伟修：《最新民事诉讼法释论》，台湾金山图书公司，1978，第1083页。

④ 占善刚：《证据协力义务之比较法研究》，中国社会科学出版社，2009，第74～78页。

情形，则有权拒绝提交该项文书。对第三人不履行文书提交义务的制裁措施一般包括罚款、拘留等。

（3）鉴定义务是指鉴定人基于自身所拥有的专业知识向法院陈述关于专门事项的判断意见的义务，具体应包括到场义务、宣誓义务以及陈述鉴定意见的义务。[①] 鉴定人的鉴定意见作为独立的证据方法，并不会因为鉴定人为法院的辅助者而有所改变，所以鉴定人应负有协助法院进行证据调查的义务。但是与证人义务所不同的是，鉴定义务是特定的人，即具有作为鉴定人所必需的专业知识的人，对国家负有特殊协力义务，而非一般协力义务。同时，因为鉴定人是运用其专业知识向法官提供鉴定意见，只要是具备鉴定所需的特别知识的人就可担当鉴定人，所以鉴定人具有可替代性，这点与证人的不可替代性不同。因此，若鉴定人不履行到场的义务，则法院没有必要强制该鉴定人到场，即对鉴定人不适用拘传的强制措施。

（4）勘验义务是指不负举证责任的当事人以及当事人以外的第三人所负有的将自己所持有的勘验标的物提交法院或者忍受法院进行勘验的义务。所谓勘验，是诉讼中特定人员对与诉讼争端相关的物体、现场等进行照相、测量、检查的行为，是一种常见的查明案情的证据手段。[②] 日本学者认为勘验义务应当包含两个方面的义务：一是勘验标的物提交义务，是当事人或第三人负有将其持有、控制的勘验标的物提交法院进行证据调查的义务。

---

① 占善刚：《证据协力义务之比较法研究》，中国社会科学出版社，2009，第186页。

② 常怡：《民事诉讼法学》，中国政法大学出版社，2005，第203页。

二是勘验容忍义务，指当事人或第三人容忍法院指派的特定人员在现场对勘验标的物进行勘验的义务。[①] 在法院审理的部分案件中，若查明案件事实的关键在于对特定事物的勘验，那么证据协力义务就是要求不负举证责任的当事人以及当事人以外的第三人将持有或控制的勘验标的物提交法院，或者忍受法院对该勘验标的物进行勘验的义务。

（5）当事人询问义务是指诉讼当事人本人或其法定代理人所负的受法院询问而陈述案件经过的义务，具体包括到场义务、宣誓义务、陈述义务。[②] 当事人陈述是指当事人口头表述其所知悉的案件事实的有关情况，既包括当事人说明案件事实，也包括当事人对案件事实的承认。[③] 由于案件的当事人通常是最为了解案件事实的人，且询问当事人为重要的证据方法，因而其最有可能提供案件的资料，这样有助于法院尽快查明案件事实。证据协力义务要求不负举证责任的一方当事人对对方当事人权利主张所涉及的事实积极进行说明，并在法官认为有必要时接受询问，从而有利于法官查清案件的事实。与证人询问一样，当事人询问亦属于人的证据方法，法院对当事人进行询问，当事人将自己对案件所知道的事实进行陈述并以此作为证据资料。因此，法院对当事人的证据调查与对证人的证据调查的方式基

---

① 斋藤秀夫：《注解民事诉讼法（5）》，第一法规出版株式会社，1983，第264页，载占善刚：《证据协力义务之比较法研究》，中国社会科学出版社，2009，第121页。

② 占善刚：《证据协力义务之比较法研究》，中国社会科学出版社，2009，第12页。

③ 常怡：《民事诉讼法学》，中国政法大学出版社，2005，第200页。

本相同。但是，当事人违背证据协力义务与证人违背证据协力义务的制裁措施是不同的，因为当事人是案件的主体，与裁判结果存在直接的利益关系，而证人并非案件的主体，其与裁判结果不存在直接的利害关系。因此，一般而言，当事人若无正当理由不履行证据协力义务的，应当受到事实认定上不利益评价的后果。

（6）不为证明妨碍义务是指不负举证责任的当事人不得基于故意或者过失妨碍负有举证责任的当事人的证明，使得其对要证事实的证明陷于不能的状态。① 在诉讼中，举证责任原则是当诉讼案件事实处于真伪不明时法院据以裁判的准则，即应当承担举证责任的当事人没有证据来证明其主张，就要承担败诉的风险。但是，如果案件事实处于真伪不明的原因是不负举证责任的一方当事人所造成的，即存在证明妨碍的情况下致使举证人举证不能时，如果机械地适用举证责任原则，此种证明上的不利后果仍完全由负举证责任的当事人承担不免使人产生不公平之感。因此，有必要对此种证明上的不利后果在实施证明妨碍的当事人与负举证责任的当事人之间进行调整。而证据协力义务就是对不负举证责任的当事人的行为予以规制，要求其不得基于故意或者过失妨碍负有举证责任的当事人的证明，否则将承担违反该义务的不利法律后果。

---

① 占善刚：《证据协力义务之比较法研究》，中国社会科学出版社，2009，第254页。

二、行政诉讼证据协力义务与相关概念的辨析

（一）证据协力义务与真实义务

我国台湾地区所谓“民事诉讼法”对真实义务作出了明确规定。该规定第 195 条第 1 项规定：“当事人就提出之事实，应为真实及完全之陈述。”这一制度在德国也受到高度重视。《德国民事诉讼法》第 138 条第 1 项规定：“当事人应就关于事实之情况为完全及符合真实之陈述。”① 上述规定中所谓“真实”可能出于不同观察层面，其与客观事实未必等同。根据上述规定可知，所谓真实义务并非指当事人仅就客观真实为主张的义务。其实，上述规定所指真实义务更接近真诚义务，也就是所谓的主观真实义务。主观真实义务是指当事人仅需内心所认为其陈述为真实陈述，即使法院在证据调查后发现其陈述并非客观真实，也不能认为其违反了上述规定所要求的真实义务。②

就此可将真实义务分为客观理论与主观理论。客观理论重视陈述者的陈述是否符合自然科学的真实，主观理论则强调从陈述者主观认知出发，而民事诉讼一般采主观理论。③ 但本书认为民事诉讼采主观理论在某种程度上将压缩违反真实义务的该当性。因为只有当陈述者故意做虚假陈述，而且其陈述与客观现象也呈

---

① 谢怀栻：《德意志联邦共和国民事诉讼法》，中国法制出版社，2001，第 36 页。

② 李文革、郎艳辉：《虚假诉讼事实的发现难题及其应对》，《武汉理工大学学报（社会科学版）》2014 年第 6 期，第 1080～1086 页。

③ 姜世明：《民事证据法实例研习（一）》，新学林出版股份有限公司，2006，第 38 页。

现不一致的情形时，才认为该陈述者为诉讼欺诈。若陈述者陈述的内容与客观事实不符，但其却真诚相信自身陈述是真实正确的，那么就不能认定其说谎。

广义的真实义务包括狭义的真实义务与完全义务。狭义的真实义务是指，当事人负有不违反主观真实陈述的义务，即当事人知其为不真实或认其为不真实即不得主张、知对方之主张符合真实或认其为符合真实时都不得加以争执。① 有学者认为真实义务并非要求当事人仅就其认为真实的或非真实的才能主张或提出争执，其对真实或非真实有确认或者推测的，也可以主张。② 换句话说，真实义务不禁止当事人主张某些并不确认是否正确的事实。而完全义务，有学者认为是指诉讼各方当事人对于作为案件起诉或抗辩基础的事实关系所知道的事实，不管对其有利或不利都应当为完全的陈述，对于诉讼另一方当事人关于事实关系的主张，也应当为完全的陈述。③

综上所述，证据协力义务与真实义务的区别在于：首先，义务主体不同。真实义务的主体包括诉讼双方当事人，而证据协力义务的主体，是不负举证责任的当事人以及当事人以外的第三人。其次，义务的相对方不同。真实义务是诉讼法上的义务，是相对于法院及对方当事人而负的真实陈述义务，此制度的规范目的主要是对抗诉讼欺诈，所以保护对象为法院及对方当事人。而

① 姜世明：《民事诉讼法（上册）》，新学林出版股份有限公司，2015，第419页。

② 姜世明：《民事证据法实例研习（一）》，新学林出版股份有限公司，2006，第40页。

③ 骆永家：《民事诉讼法Ⅰ》，三民书局，1999，第124页。

证据协力义务的相对方则仅为法院。证据协力义务主要是对法院审判活动的协助，即使有时间接表现为对对方当事人的协助，其实质上还是对法院发现案件事实，作出公正审判的协助。最后，规范功能不同。真实义务规范功能主要显现在当事人不可为非真实的陈述义务，属于消极不作为义务。而证据协力义务则是不负举证责任的当事人以及当事人以外的第三人积极协助法院调查案件事实证据，是一种积极作为的义务。尽管如此，证据协力义务与真实义务也有着本源上的同质性和延续性。证据协力义务与真实义务共同源于诉讼中的诚实信用原则，两者在义务的价值取向上是同一的，在义务功能上则具有互补性。[①] 两者都是为了维护诉讼的公正进行，避免滥诉，要求当事人负有某种程度的共同协力以发现案件事实的义务。

（二）证据协力义务与诉讼促进义务

民事诉讼中的当事人诉讼促进义务最早源自德国，德国学者很早就在学理上开始对诉讼促进义务的概念进行相关探讨。尤其是德国学者迪特尔·莱波尔德，其在《当事人的诉讼促进义务与法官的责任》一文中就对诉讼促进义务进行了深入的研究。诉讼促进义务很容易在字面上引起歧义，被认为就是促进诉讼的义务。其实，诉讼促进义务的设立并不是为了促进诉讼，因为诉讼是不值得促进的，提起诉讼并不是当事人的最终目的，其是想通过参与诉讼尽可能地解决纠纷，以维护自身的合法权益，有的当

① 辜恩臻：《论当事人协力义务的正当性与制度构建》，《东南司法评论》2008年第00期，第51～55页。

事人甚至想尽可能地远离诉讼。因此，将该义务表达为诉讼促进义务难免会产生歧义，并不能表现该义务的内涵，从字面上来看其是将诉讼本身表现为目标。德国学者莱波尔德仅在时间层面上使用诉讼促进义务这一概念，他认为诉讼促进义务不是当事人促进诉讼的行为义务，而是禁止其拖延诉讼，“如果人们要在时间层面之外谈论诉讼促进义务并且将其理解为当事人在民事诉讼中的义务以及与此相连的处罚的共同根源，那么这将是严重的误解”①。

我国学者对于当事人诉讼促进义务的研究起步较晚，因此，对于诉讼促进义务的相关内容还没有达成共识，对其概念的界定也存在很多不同的表述。如有的学者将诉讼促进义务定义为，“当事人应当在诉讼期限内依法积极主动及时地完成各种诉讼行为，以便诉讼能够迅捷、廉价、高效地进行，反之，如果当事人有可归责于己的原因导致诉讼行为迟延或未完成时，则应当承担不利的诉讼法律后果”②。也有学者认为，“当事人在诉讼中的促进义务，是指当事人在诉讼过程中有尽自己最大的努力和善意推动诉讼程序的进行，不故意为虚假陈述或恶意掩盖事实的行为”③。从上述定义中可以看出，虽然学者们对诉讼促进义务的定义有不同表述，但其中却有相似之处，即在诉讼中当事人应当

---

① 迪特尔·莱波尔德：《当事人的诉讼促进义务与法官的责任》，载米夏埃尔·施蒂尔纳编《德国民事诉讼法学文萃》，赵秀举译，中国政法大学出版社，2005，第388页。

② 王合静：《论当事人之诉讼促进义务》，《河北法学》2009年第6期，第156～159页。

③ 陈桂明：《论当事人在诉讼中的促进义务》，载陈光中主编《诉讼法理论与实践（2002年民事、行政诉讼法学卷）》，中国政法大学出版社，2003，第57页。

积极地推进诉讼，不能恶意地拖延诉讼。诉讼促进义务设置目的主要是针对诉讼程序时间层面上的问题，而不是促进诉讼程序。换句话说，诉讼促进义务不是促进诉讼的行为的义务，而是为避免不陈述、延迟陈述以及由此可能造成的诉讼拖延，是禁止拖延诉讼。[①] 诉讼促进义务是指诉讼当事人应承担快速推进诉讼的义务，强调的是时间。综上所述，诉讼促进义务和证据协力义务存在以下几点不同：在主体方面，诉讼促进义务的负担主体为诉讼的双方当事人，而证据协力义务的义务主体为不负举证责任的一方当事人以及当事人以外的第三人；从目的上看，诉讼促进义务主要是禁止诉讼当事人恶意地拖延诉讼，而证据协力义务主要是协助法院调查案件的事实。因此，诉讼促进义务与证据协力义务是当事人诉讼中的两种不同义务，必须加以区分。

（三）证据协力义务与事案解明义务

当事人的事案解明义务这一概念首先由德国学者提出，后被日本、我国台湾地区学者研究讨论。“案件解明义务”是日本学者对德语“Aufklärungspflicht”的汉字译语。“事案”意为成为问题的事态，“解明”意为说明清楚。当事人的事案解明义务是指当事人负有对相关有利或不利的事实的陈述（说明）义务，以及为厘清事实而提出相关证据资料或忍受勘验的义务。其发生的时点为应负举证责任的当事人无法具体陈述其主张或证据主体及

① 米夏埃尔·施蒂尔纳：《德国民事诉讼法学文萃》，赵秀举译，中国政法大学出版社，2005，第387~389页。

证据方法之时。①

一般认为事案解明义务应具备的要件包括：①诉讼当事人就有关自己的权利主张有合理的基础，有明显可供调查的线索；②诉讼当事人就案件事实在客观上有无法说明清楚的状况；③上述状况对诉讼当事人无非难可能性；④诉讼另一方当事人对该事实可以说明清楚，并且具有期待的可能性。

从上述对当事人事案解明义务的定义中，我们不难看出，民事诉讼中当事人的事案解明义务的约束力并非只针对案件的某一方当事人，其约束力及于案件双方当事人。本书认为，将诉讼中双方当事人均定义为事案解明义务的主体，主要基于以下两点原因：其一，事案解明义务是为了实现民事诉讼中的平等原则，使诉讼的各方当事人积极参加诉讼，并将协力查明案件事实作为诉讼各方当事人应当履行的义务。其二，设置当事人事案解明义务的目的并非要加重诉讼中任何一方当事人的负担，而是想要查清案件事实。同时，对于事案解明义务的内容，一些学者主张从当事人与法院之间的事案解明义务和当事人相互之间的事案解明义务两个部分来论述。② 也就是说，当事人的事案解明义务的相对方不仅为法院，还包括对方当事人，即事案解明义务不仅是为了协助法院厘清案件事实，还为了协助另一方当事人解决其因为客观原因所造成的证明困难，从而保障诉讼各方当事人实现实质的

① 姜世明：《民事证据法实例研习（一）》，新学林出版股份有限公司，2006，第7页。

② 沈冠伶：《民事证据法与武器平等原则》，元照出版有限公司，2007，第15页，载王瑶：《不负举证责任一方当事人之事案解明义务》，硕士学位论文，中国政法大学，2010。

平等。

从日本的民事诉讼体系来看，证据协力义务与当事人事案解明义务在内涵上存在很大的交叉，但也有一些不同：其一，两者的义务主体不同。当事人的事案解明义务的约束力并非只针对案件的某一方当事人。其约束力及于案件双方当事人，将诉讼中双方当事人均定义为事案解明义务的主体，而不只是诉讼中不负举证责任的当事人的义务。证据协力义务的主体主要包括不负举证责任的当事人以及当事人以外的第三人，而不包括负举证责任的当事人。其二，义务履行的相对方不同。事案解明义务的相对方不仅包括法院还包括诉讼另一方当事人，目的不仅在于协助法院厘清案件事实，还在于协助另一方当事人解决其因为客观原因所造成的证明困难。而证据协力义务的相对方仅指法院，目的在于对法院审判活动的协助，即协助法院调查案件事实证据，即使有时间接表现为对对方当事人的协助，其实质上还是对法院发现案件事实作出公正审判的协助。

（四）行政诉讼证据协力义务与民事诉讼证据协力义务

证据协力义务作为诉讼法上的义务，其功能在于要求不负举证责任的当事人及其法定代理人以外的第三人提供证据协助法院查明案件事实。行政诉讼证据协力义务与民事诉讼证据协力义务有共通性，具体表现在义务的内涵、范围、性质与作用基本相同。前文已述，此处不再赘述。现主要对两者的区别进行研究。

首先，诉讼内容的不同决定了证据协力义务在行政诉讼与民事诉讼中不同。民事诉讼主要是为了解决平等主体之间关于民事权利义务的纷争，侧重于对公民个体权益的法律保护。而行政诉讼是为了解决行政纠纷，即行政机关在行政执法过程中与行政相对人之间的纠纷，同时行政权的行使常常会涉及公共利益，这是大陆法系国家行政诉讼中法官依职权调查的重要原因，行政审判需要在公共利益维护和个体权利保护之间寻求平衡。民事诉讼中证据协力义务主要是为了协助法院发现案件的事实，而行政诉讼中，证据协力义务不仅是为了发现案件的事实，还强调在被告履行举证责任前提下，协力义务有利于调和个体权利保护与公共利益维护之间的矛盾，对公共利益维护具有重要意义。具体而言，如果在诉讼中一味地要求行政机关承担举证责任，为了保护个体权利而不要求原告在一定情形提供其所持有的证据，由此可能造成原告为了获得胜诉而隐匿、拒绝提供证据，阻碍法院发现案件事实，导致诉讼拖延，司法资源浪费，最终可能损害公共利益。此时，行政诉讼证据协力义务恰好可以弥补举证责任原则的缺陷。通过设置证据协力义务使不负举证责任的原告在一定情形下，将持有与案件相关的证据资料提交法院，有利于法院查明案件事实，从而作出公平公正的裁判结果。行政赔偿诉讼中，由被告对作出的行政行为负举证责任，但是这并不意味着原告不负提供证据的责任。当被告承担举证责任时，不负举证责任的原告，因履行证据协力义务而负有将证据提交法院的义务。行政诉讼证据协力义务不仅有利于调和个体权利保护与公共利益维护之间的矛盾，还可以更好地保障个体权利与实现公共利益。

其次，由于行政诉讼之前存在行政程序，行政程序中行政相对人也负有一定的协力义务，其所提交的证明材料，在进入行政诉讼后，部分将成为行政诉讼的证据，因此，行政程序中的协力义务的履行情况会直接影响行政诉讼中证据协力义务的履行，这是行政诉讼证据协力义务与民事诉讼证据协力义务的区别之一。如果行政程序中行政相对人不履行协力义务，而在之后的行政诉讼中提交了在行政程序中所没有提交的证据，那么此时存在法院应当如何认定的问题。

最后，民事诉讼证据协力义务的主体不确定，而行政诉讼中一般情况下证据协力义务的主体确定。民事诉讼是为了解决不特定的一般主体之间人身关系和财产关系的纠纷。原被告双方当事人地位是平等的，任何公民或者法人都可以作为原告或者被告提起民事诉讼，根据民事诉讼“谁主张谁举证”的原则，原被告都可能成为证据协力义务的主体。而行政诉讼主要是为了解决行政管理过程中，行政机关及其工作人员与公民、法人和其他组织之间的纠纷，由此决定了行政诉讼中当事人的特定性。被告恒为代表国家公权力的行政机关，而原告则恒为认为该行政行为侵害其合法权益的行政管理相对人，并且两者的诉讼地位不可以互换，即行政管理的相对人不可以成为被告，而实施行政行为的行政机关也不可以作为原告而提起行政诉讼。因此，一般情况下，行政诉讼中证据协力义务的主体主要为作为行政相对人的原告。同时，这种诉讼当事人主体构造的特殊性，也就决定了在行政诉讼中双方诉讼能力的不对等性。诉讼的基本运作样式应当是双方当事人平等对抗，法官居中裁判。而实现诉讼良性且公正运行需要一个前提，即双方当事人手中所掌握的“武器”必须是平等的，[①] 所以在设置证据协力义务时应充分考虑行政诉讼当事人主

① 熊洋：《民事诉讼当事人适格问题研究》，博士学位论文，武汉大学，2012。

体构造的这种特殊性，在设置原被告以及第三人证据协力义务时应当有所区别，被告履行证据协力义务的范围应宽于原告与第三人，使得证据协力义务能够真正发挥其平衡各方诉讼能力的作用，实现诉讼中的实质平等。

三、行政诉讼证据协力义务的分类

根据证据的表现形式、义务人主体的不同，可将行政诉讼证据协力义务的法定形态作如下的分类。

（一）实物证据的证据协力义务和言词证据的证据协力义务

证据依其表现形式，可分为实物证据和言词证据。[①] 实物证据，也称物证，其表现形式主要为实在物存在状态的证据，主要包括书证、勘验笔录等法定证据类型，因此相应的实物证据协力义务就包含文书提交义务、勘验协力义务。所谓言词证据，也称人证，其表现形式主要为人的陈述，主要包括当事人的陈述、鉴定意见以及证人证言等法定证据类型，因此相应的言词证据的协力义务包含当事人受询问义务、鉴定义务和证人义务。依据表现形式区分为实物证据协力义务与言词证据协力义务的意义在于，对于实物证据的证据协力义务而言，其义务负担者无须受到直接言词原则的约束，只需在法律规定的期间内将该文书或勘验的标的物提交法院；而对于言词证据的证据协力义务而言，该义务主要表现为人的陈述，所以受到直接言辞原则的约束，其应当在法院要求的证据调查日到庭进行陈述并接受法官的询问。

① 卞建林、谭世贵：《证据法学》，中国政法大学出版社，2010，第 328 页。

（二）当事人的证据协力义务和第三人的证据协力义务

根据行政诉讼证据协力义务的履行主体不同可以分为当事人的证据协力义务与第三人的证据协力义务。当事人的证据协力义务主要包括文书提交义务、勘验协力义务、当事人受询问义务以及不为证明妨碍的义务；第三人的证据协力义务主要包括文书提交义务、勘验协力义务、鉴定义务以及证人义务。① 采用该分类方法的意义主要在于：其一，这两类证据协力义务的范围是不同的，第三人的证据协力义务的范围窄于当事人的证据协力义务；其二，当事人违反证据协力义务所遭受的制裁措施也不同于第三人，当事人违反证据协力义务将会遭受事实认定上不利益评价的后果，而第三人违反证据协力义务则可能会面临罚款或者拘留等法律后果。②

四、行政程序中相对人协力义务与行政诉讼证据协力义务

（一）行政程序中相对人的协力义务

行政程序是行政机关行使行政职权，进行行政活动的过程。行政行为的合法性以正确掌握事实为前提，为遵守依法行政的要求，且为保护公益的实现，相关事实的调查，不能由当事人的意志决定，而应由行政机关依职权进行。我国台湾学者称之为行政

① 占善刚：《证据协力义务之比较法研究》，中国社会科学出版社，2009，第17页。

② 占善刚：《证据协力义务之比较法研究》，中国社会科学出版社，2009，第18页。

程序的职权调查原则。职权调查原则首先意味着行政机关负有概括的调查义务，凡是与行政机关决定有关的，都有调查的必要性，都应当进行调查；[①] 其次，行政机关对调查的方法享有裁量权，而且该方法必须是合法且必要的调查方法；最后，行政机关有概括斟酌的义务，应当斟酌一切对案件有意义的情况，以作出达到内心确信的行政决定。但是，对于行政法律关系的形成经过与事实状况，当事人有时比行政机关更熟知或更能掌握正确的材料，因此在合理的范围内，通过规定行政程序中行政相对人负有一定的义务以协助行政机关的行政管理，提高行政效率，是十分必要的，该义务为相对人的协力义务。具体而言，行政程序中相对人的协力义务是指行政相对人对行政主体及其工作人员依据职权执行公务的行为，有主动予以配合、协助的义务。[②] 基于该定义，正确理解行政程序中相对人的协力义务应把握以下两个方面：一方面，行政程序中相对人的协力义务是受行政法调整的行为，能够引起行政法规定的否定性或肯定性的后果，也就是说，行政相对人的其他法律行为不在行政相对人协力义务之列；另一方面，相对人协力义务的主体是行政法律关系中与行政机关相对应的公民、法人或其他组织，这反映行政相对人协力义务主体身份的本质属性。

行政程序中行政相对人协力义务主要包括诚信义务与配合义

① 江春明：《卫生行政处罚调查程序中相对人协力行为研究》，《中国卫生法制》2011 年第 5 期，第 37 ~ 41 页。

② 宋雅芳：《论行政调查中相对人的协助义务的限度》，《河南社会科学》2006 年第 5 期，第 97 ~ 99 页。

务两个方面的内容。具体来讲：一方面是诚信义务。诚信义务是以诚实信用原则作为基石，诚实信用原则在行政法中主要强调对行政机关的行政行为进行规制，要求其行政行为应当符合诚实信用的原则，对自己作出的行为或承诺应当守信用，但其实该原则也同样可用于规制行政相对人的行为。在各国的行政程序法中，对相对人的诚信要求并未作统一、原则性的规定，而多表现为具体的义务规则，这些具体的义务规则主要包括以下内容：证明义务、宣誓义务、保证义务、不得反悔义务。另一方面是配合义务。行政程序主要是在行政机关的主导下进行的，但是，如果没有行政相对人的配合，行政程序就难以进行。因此，行政相对人在行政程序中应负有配合行政机关以使行政程序得以顺利进行的义务。配合义务具体包括容忍义务与作为义务。其中，容忍义务也即不作为义务，包括不得妨碍公务的义务、不得抵抗的义务、不故意拖延行政程序的义务。作为义务是积极主动予以配合的义务，包括配合查清事实、说明情况或陈述的义务、作证的义务、亲自到场参与的义务、费用负担的义务。[①] 行政程序中，行政执法活动的顺利进行离不开行政相对人协力义务的配合。行政相对人的协力义务有助于减少行政程序中调查事实、究明真相等获取信息的成本，有助于帮助行政机关迅速、有效地收集信息，从而节约行政资源，提高行政效率。

我国行政程序法典尚未出台，还没有规定行政相对人协力义

---

① 叶必丰、李煜兴：《行政程式中参与人协力义务的实定法比较》，载台湾行政法学研究会主编《当事人协力义务、行政调查、“国家赔偿”》，元照出版公司，2006，第31~35页。

务的统一法律。当然，在单行法律、法规和规章中，甚至在行政规范性文件中，都规定了许多行政相对人协力义务的内容。例如，《中华人民共和国行政许可法》第78条规定："行政许可申请人隐瞒有关情况或提供虚假材料申请行政许可的，行政机关不予受理或者不予行政许可，并给予警告；行政许可申请属于直接关系公共安全、人身健康、生命财产安全事项的，申请人在一年内不得再次申请该行政许可。"《中华人民共和国税收征收管理法》第6条第2款规定："纳税人、扣缴义务人和其他有关单位应当按照国家有关规定如实向税务机关提供与纳税和代扣代缴、代收代缴税款有关的信息。"《中华人民共和国海关行政处罚实施条例》第6条规定："抗拒、阻碍海关侦查走私犯罪公安机关依法执行职务的，由设在直属海关、隶属海关的侦查走私犯罪公安机关依照治安管理处罚的有关规定给予处罚。抗拒、阻碍其他海关工作人员依法执行职务的，应当报告地方公安机关依法处理。"《中华人民共和国海关法》第10条规定："报关企业接受进出口货物收发货人的委托，以委托人的名义办理报关手续的，应当向海关提交由委托人签署的授权委托书，遵守本法对委托人的各项规定。报关企业接受进出口货物收发货人的委托，以自己的名义办理报关手续的，应当承担与收发货人相同的法律责任。委托人委托报关企业办理报关手续的，应当向报关企业提供所委托报关事项的真实情况；报关企业接受委托人的委托办理报关手续的，应当对委托人所提供情况的真实性进行合理审查。"该法第23条规定："进口货物自进境起到办结海关手续止，出口货物自向海关申报起到出境止，过境、转运和通运货物自进境起到出境止，应当接受海关监管。”

（二）行政程序中相对人协力义务与行政诉讼证据协力义务的关系

如前文所述，规定行政程序中当事人一定的义务以协助行政机关的行政管理，对于提高行政效率、保证行政程序的顺利进行具有重要的作用。行政证据不仅包括行政机关主动收集的证据，而且包括行政相对人提供的证据，所以行政相对人履行协力义务提供真实的信息，是行政证据的重要来源之一。之后进入行政诉讼程序后，行政证据就成了行政诉讼证据的一部分，行政相对人在行政程序中履行协力义务对行政诉讼中证据的形成也有重要意义。在行政诉讼中，为了协助法院查明案件事实，要求不负举证责任的当事人及当事人以外的第三人履行证据协力义务提供相关的证据，该证据属于行政诉讼证据。行政程序中行政相对人履行协力义务提供的证据与行政诉讼中履行证据协力义务所提供的证据，都是行政诉讼证据的重要来源，对行政诉讼中法院的正确裁决都起着重要的作用。但是，这两种协力义务毕竟是两种类型的义务，有必要在理论上对这两种协力义务加以区分，以避免在实践中造成混乱。具体而言，两者有以下几点不同。

（1）义务主体不同。行政程序中协力义务的履行主体是与行政机关相对应的行政法律关系的主体，与行政机关不存在任何组织上的人身关系，是行政相对人而不是行政机关。行政诉讼证据协力义务的履行主体是诉讼中不负举证责任的当事人以及当事人以外的第三人，不负举证责任的当事人既包括行政相对人，也包括不承担举证责任情形下的行政机关及当事人以外的第三人。

（2）义务目的不同。行政程序中行政相对人履行协力义务是为了取得有利地位，是为了自己的利益，如免除某种义务或免遭处罚，是为了证明其行为合法。行政诉讼中不负举证责任的当事人履行行政诉讼证据协力义务是为了查明案件事实，是为了获得胜诉。

（3）义务履行的阶段不同。行政相对人的协力义务的履行不仅只能发生在行政诉讼程序启动之前，而且要严格限定在行政机关作出行政行为之前这一阶段。而行政诉讼中证据协力义务的履行发生在行政诉讼程序启动之后，即法院证据调查阶段。

（4）义务的相对方不同。行政程序中行政相对人履行协力义务的相对方为代表国家行使行政权的行政机关，行政相对人协助行政机关的行政执法活动，节约行政资源，提高行政效率，实现行政程序的顺利进行。而行政诉讼证据协力义务的相对方为代表国家行使裁判权的法院，行政相对人可协助法院查明案件事实，节约司法资源，以保障法院裁判的公正性。

同时，行政诉讼是复查性诉讼，行政诉讼证据的形成和属性会受到之前行政程序的影响，这就决定了行政诉讼证据与行政证据具有关联性。而行政证据的形成一部分来自行政相对人履行协力义务而提供的资料证据，进入行政诉讼程序被法院接纳后便成了行政诉讼证据。此时则可能出现一种情况，即如果行政程序中行政相对人不履行协力义务，不提供其所持有的证据资料，但是进入行政诉讼程序后，该当事人又将该证据资料提交法院，法院该如何处理？此时是否产生失权的后果？如果是，法院应依何理由拒绝该证据？对于这些问题，《行政诉讼法》没有相应的规定，但《行政诉讼证据规定》第59条规定："被告在行政程序中依照法定程序要求原告提供证据，原告依法应当提供而拒不提供，在诉讼程序中提供的证据，人民法院一般不予采纳。"该条规定一方面表明在行政程序中行政相对人未及时提供的证据，在行政诉讼中又提出的效果；另一方面该类证据法院并不是完全不采纳，条文中表述为"人民法院一般不予采纳"，而不是"人民法院不予采纳"，也就是说法院在例外的情形下，有采纳该证据的可能性，即法院拥有一定的自由裁量权。但该条规定并未针对例外情形进行具体说明，给司法实践造成一定困惑，法院因缺少依据而导致是否采纳该证据存在决策困难，从而影响该法条适用的实效性。因此，应给予法院自由裁量一定的指引，对于法院是否应当采纳该证据应设置一定的基准。该基准应综合考量行政相对人在行政程序中不及时提供证据的主观心态和客观原因等因素。

第二节　行政诉讼证据协力义务的理论基础

从理论基础上来说，行政诉讼证据协力义务是行政诉讼目的的必然要求，是对传统辩论主义的修正，而且还体现了程序合作主义之下对当事人的要求，同时体现了诚实信用原则的具体要求，其具备深厚的理论基础。

一、行政诉讼证据协力义务是行政诉讼目的的必然要求

行政诉讼因与维护公共利益相关，承担着保护公权利与维护法秩序的双重目的。公共利益是一定社会条件下或特定范围内不特定多数主体利益相一致的方面，它不同于国家利益和集团（体）利益，公共利益具有主体数量的不确定性、实体上的共享性等特征。[①] 古代国家对公共利益的认识建立在公共本位的思想之上，正如西塞罗（Cicero）曾说，“公益优先于私益”。但是，随着社会的发展，近代国家不再一味地强调公共利益，而是开始注重对个人权利的保护，逐步转向以个人为本位。之后，现代国家在此基础上将对个人来说不可或缺的利益写入宪法，形成了有着极强防御性与对抗性的个人的基本权利。[②] 但是，以个人为本位的个体权利的保护常常与公共利益的维护之间存在一种拉锯的状态，想要调和两者之间的矛盾，就需要立法者必须在个体权利与公共利益之间进行价值的衡量，从而作出相关的制度设计。

在一般行政诉讼中，作为原告的行政相对人和作为被告的行政机关之间的地位是不平等的。作为被诉行政行为的主体，行政机关拥有强大的行政权力，实际掌握与控制着被诉行为合法性的主要证据，其具有完全充分的举证能力；而对于处于弱势地位的原告而言，其不具有平等对抗的能力，其只掌握和控制着部分的证据，如果要求原告承担与被告同等的举证责任，对后者来说显

① 杨晓峰：《论我国行政法上的信赖保护原则及其发展》，硕士学位论文，苏州大学，2014。

② 胡红茎：《论我国行政诉讼中的释明权》，硕士学位论文，中国政法大学，2014。

然存在困难，尤其是目前我国公民法律意识与诉讼意识还比较淡薄。而且，由于行政诉讼基于公益性的考量以及《宪法》对于公民权利的保护，不能依照解决私权纷争的标准来设置举证责任的分配，因而在行政诉讼中，一般实行举证责任倒置，由被告行政机关承担举证责任，以此来保护诉讼中处于弱势一方的行政相对人的权利，使诉讼中双方当事人处于相对平等的地位，保障诉讼的公平与公正。行政诉讼这种独特的举证责任分配规则体现了诉讼中对个体权利保护的重视。但是，不可否认的是，这种举证责任的分配规则在司法实践中仍然会存在问题，有时可能会出现完全相反的情况。例如，在涉及高科技、大型建设工程的行政案件中，有关企业的组织及其专业知识（法律、非法律）的配备（人与物）往往胜于行政机关。此时情况证据大部分掌握在原告手中而非作为被告的行政机关手中，那么此时原告手中持有的证据对发现案件事实就具有十分重要的作用。

行政诉讼对原告个体权利的保护固然重要，但是对被告行政机关的合法权力的维护也不容忽视，行政机关的行政执法活动是代表国家行使行政权，其权力的行使常常涉及公共利益。而且在行政诉讼中，法院对案件的裁判结果有时不仅关系双方当事人的利益，还常常关系当事人以外第三人的利益，甚至关系公共利益。对于行政诉讼中原告个体权利的保护有时会不可避免地与公共利益的维护处于一种拉锯状态。对于原告，如果让其主动放弃个人利益，将所有有利于己或不利于己的证据提交法院是非常困难的，而维护公共利益作为行政机关的职责所在，此时行政机关也是很难让步的，那么当个体权利与公共利益发生矛盾时，就必须设置相应的规则来调和两者之间的矛盾。具体而言，如果在诉讼中一味地要求行政机关承担举证责任，为了保护个体权利而不要求原告在一定情形提供其所持有的证据，由此可能造成原告为了获得胜诉而隐匿、拒绝提供证据，阻碍法院对于案件事实的发现，而导致诉讼的拖延，浪费司法资源，最终将损害公共利益。相反，如果为了公共利益的维护，一味地要求原告承担与行政机关同样的举证责任，对原告来说也是不公平的。此时，行政诉讼证据协力义务恰好可以弥补举证责任原则的缺陷，调和个体权利保护与公共利益维护之间的矛盾。通过设置行政诉讼证据协力义务使不负举证责任的原告，在一定情形下，将所持有与案件相关的证据资料提交法院，有利于法院查明案件事实，从而作出正确与公正的裁判，并最终实现对公共利益的维护。同时，行政诉讼中由被告对作出的行政行为负举证责任，即适用举证责任倒置原则，但是这并不意味着原告不负提供证据的责任，原告因履行证据协力义务而负有将证据提交法院的义务。因此，证据协力义务不仅有利于调和个体权利保护与公共利益维护之间的矛盾，甚至可以更好地保障个体权利与公共利益的维护与实现，而这也正是行政诉讼立法目的之所在。

二、行政诉讼证据协力义务是修正传统辩论主义的工具

理论上一般认为辩论主义的内容应当包括三个方面：其一，当事人所未主张的事实，法院不得作为判决的基础；其二，当事人间不争执的事实（诉讼上自认），法院需将其作为判决的基

础；其三，法院不得依职权调查证据。这是19世纪末《德国民事诉讼法》所采取的立法主义，可称为传统辩论主义。德国所采用的辩论主义的诉讼观，以19世纪后半期自由主义之法思想为基础。自由主义是19世纪初出现的政治思潮，以法国孔斯坦（Constant）、英国穆勒（Miu）和边沁（Bentham）为主要代表人物，在西欧各国资产阶级反对君主专制的斗争中产生，提倡个人活动及其发展要完全自由，企业主能实现没有限制的自由竞争，拥护资产阶级的选举制、议会制，要求国家保护公民私有财产的安全，国家不应干涉经济生活。[①] 1877年的《德国民事诉讼法》体现了自由主义中的私法自治的原则，而辩论主义最为明显。

民事审判的前提为当事人是对等自由的，在公平且公正的法官面前，为保护自己的权利而斗争。因此，法官应以原告、被告所提出的事实证据作为裁判的基础。当事人在法官面前应当对等，被称为"武器平等原则"。法官应以当事人所提出的事实和证据作为判决的依据，此被称为辩论主义。就传统辩论主义而言，在诉讼中的当事人均无须为对方当事人提供相应证据，以此来证明对方当事人主张的事实，因此，让处于诉讼中的两造当事人协力进行诉讼只是奢谈。[②]

传统辩论主义于19世纪末开始受到学者，尤其是奥地利学者弗兰兹·克莱恩（Franz Klein）等人的批评。很多基于辩论主义所衍生的原则，已不宜贯彻，或者说很多未如当初所预想的那

① 庞小菊、徐英倩：《不负证明责任当事人的事案解明义务》，《国家检察官学院学报》2015年第3期，第115～130页。

② 李木贵：《民事诉讼法》，元照出版有限公司，2010，第1～74页。

么理想，也被越来越清楚地显示，自由主义法律时代所设想的经验（人）的类型[①]，即当事人双方像是两个老练的棋士，是不存在的。在民事诉讼程序上，奥地利法官开始以帮助引导的方式，介入当事人之间的自由调解过程，直接对当事人的利益进行干预，辩论主义、当事人主义逐渐被修正。关于诉讼当事人的地位，不能因为追求形式上的平等，而造成实质上的不平等。例如，在诉讼中当事人双方是财团与消费者、企业与消费者、雇主与劳工等，当后者请不起律师时，根据武器平等原则、传统辩论主义原则，必须考虑应当如何去修正当事人的武器不平等，从而实现实质意义上的平等。1909 年，德国开始将社会性的观点引入修订的《德国民事诉讼法》，而在之后的两次修法中形成了根本性的转变，如强化了法官的职权、当事人真实义务等。德国瓦瑟曼（Rudolf Wassermann）等学者基于社会的国家原理，以修改为加强职权主义、强化法官权限的 1977 年施行的《德国民事诉讼法》为背景，主张诉讼基本原理应由法官与当事人一同进行讨论，把案件事实真相进行澄清，该理论被称为协同主义。[②] 协同主义理论是建立在法官应积极地去照顾、支援属于社会弱者的当事人上的，此种新理论也被称为社会的民事诉讼理论。社会的民事诉讼理论，重视法官与当事人之间的讨论，借由法官的“补偿的辩论指挥”，以实现实质的当事人武器平等。不同于传统的辩论主义只重视形式上的当事人武器平等，协同主义并没有取代传

① 李木贵：《民事诉讼法》，元照出版有限公司，2010，第 1 ~ 74 页。

② 庞小菊、徐英倩：《不负证明责任当事人的事案解明义务》，《国家检察官学院学报》2015 年第 3 期，第 115 ~ 130 页。

统辩论主义，而只是对传统辩论主义的修正。①

进一步来讲，辩论主义强调的是双方当事人地位与能力的平等，但是由于证据偏在现象的存在，导致负举证责任一方当事人没有证据，而不负举证责任的一方当事人为了自己的利益隐匿甚至销毁证据，这是辩论主义所无法解决的问题。也由此造成案件的审理并非建立在案件事实证据的充分收集基础之上，无法还原案件事实，实难说是实现了实质正义。为了实质正义的实现，传统辩论主义之下消极中立的法官获得了积极的权能和程序上积极的地位，同时各国借助法官的释明义务和当事人的真实义务以及证据协力义务来达致当事人之间的力量平衡。② 因此，证据协力义务理论恰好可以弥补辩论主义所无法解决的证据偏在现象以及证据收集能力和手段上弱势地位的弊端。辩论主义解决的问题是谁提出主张，谁就应当提供证据来证明其主张，而证据协力义务解决的问题是提供证据不是为了证明自己的主张，但仍有义务提出，其并不是对辩论主义的颠覆，而是对其进行的修正与补正，目的是实现实质正义。

三、行政诉讼证据协力义务是程序合作主义之下对当事人的要求

程序合作主义，是一种程序法上的思想和基本原则。在这个原则之下，所有参加行政诉讼的当事人以及其他关系人，在程序

---

① 王福华：《民事诉讼协同主义：在理想和现实之间》，《现代法学》2006年第6期，第137～145页。

② 辜恩臻：《论当事人协力义务的正当性与制度构建》，《东南司法评论》2008年第00期，第51～70页。

上是一种分工合作、彼此协助，以便能在最短的时间内，用最少的人力和物力，作出最正确与最妥当的行政诉讼处理结果。就其内涵而言，所有参加行政诉讼的人，都是主体，而不是受支配的客体，都具有积极共同致力于促进诉讼的最佳解决的任务，而没有抵抗对抗的因素。所有参与行政诉讼的人，一致的目标就是如何依据诚实信用原则来发现事实及寻找正确的法律法规，并据以解决行政争议。因此，基于这种程序合作主义所产生的程序上的合作事项，不仅是当事人的义务，也是他们的权利。[①]

从德国行政诉讼法的发展来看，该国学者指出，根据《德国行政法院法》第87条的规定，首席法官或主办法官可要求一方当事人提出他能够并且将有助于法院澄清案件事实关系的证据(不是无条件的提出)。不过，法官不可以把究明案件事实的责任转嫁到当事人身上。职权调查原则的核心在于借由法院的权威，去创造查明案件事实可能性的条件。法院在多方面具有敦促、引导、解说的功能。换句话说，法院和当事人是从不同的来源而获得相关事实。

从心理学的角度来看，“协力”往往以“同心”作为基础，那么在行政诉讼中，当事人与法院之间，本质上是不是存在或者可能存在同心协力的关系，并因而可以要求当事人在有关的程序

---

① 德国学者弗里德赫尔穆·胡芬（Friedhelm Hufen）就指出，纯粹形式的职权调查主义在诉讼上已经没办法实现，《德国行政法院法》第86条第1项就是用来修正职权调查原则的效力。当事人的协力，不仅有助于法院查明案件事实，也有助于维护公共利益。当事人须就存在于他生活领域的事项，提出来说明。在这个范围之内才存在陈述负担和证明负担。吴东都：《行政诉讼之举证责任——以德国法为中心》，学林文化事业有限公司，2001，第96页。

里尽到协力的义务？宪法保护的诉权，原则上应限于当事人本着诚实信用的原则，认为自己的权利受到不法或不当侵害时，为了寻求法律上的正义，才行使其在宪法和法律上所保障的救济权，而排除明知自己没有法律上的诉讼原因却仍要诉讼的情况。也就是说，对于真正需要求助于司法救济的情况，也就限于诉讼双方当事人基于诚实信用原则，都认为自己是对的，这个时候，双方运用审判机关来解决纷争，就处于“同心解决纷争”和“协力寻找真相”的情景，那么，有关的法律科以当事人证据协力义务，也就合情合理，在这样的条件或前提下，诉讼双方，甚至他们和法院之间的关系，就是一种“合作关系”，而用来支配这种“合作关系”的根本思想就是程序合作主义。根据程序合作主义，诉讼的当事人，不仅需要适时地提供正确的与诉讼相关的事实给法院，而且要积极地参与案件事实的重建。甚至原告需要对诉讼前的冲突资料加以说明，同时诉讼双方当事人对与诉讼有关的重要事实不可以袖手旁观，而法院必须要求当事人，促使他们积极地完整参与诉讼。此外，诉讼双方当事人还应当积极地协助法院寻找作为案件审判基础的有关依据。

在程序合作主义之下，诉讼双方当事人在诉讼的不同阶段，对于不同的事项，被要求采用不同的合作方式，如原告必须明确与完整地记录诉状，被告应对原告的诉讼请求予以答辩，法院组织进行事实的调查与言辞辩论等，在这一过程中，法院与诉讼双方当事人需要密切互动和合作。因此，正确地、适时地和完整地提供诉讼有关的事实和相关的证据资料，以及准时地参与相关程序，都属于致力于追求完善的诉讼制度所不可缺少的，而这也正是设置证据协力义务的目的所在。

四、行政诉讼证据协力义务是诚实信用原则的具体体现

诚实信用原则源于罗马法“一般恶意的抗辩”及诉讼程序上“应依善意及衡平而为判断”的观念。在罗马法的诚信契约中，债务人不仅要依照契约条款，更重要的是要依照其内心的诚实观念进行给付。[①]《法国民法典》第1134条、第1135条规定，“契约应依善意履行之”“契约不仅依其明示发生义务，并依照契约的性质，发生公平原则、习惯或法律所赋予的义务”。[②]

进入20世纪以后，西方国家加强了对社会经济生活的干预，与此同时，立法者也认识到面对更为复杂的社会关系不得不借助“弹性条款”。于是，1907年制定的《瑞士民法典》首次把诚实信用原则确立为民法的基本原则，[③] 该法典第2条规定：“无论何人，行使权利、履行义务，均应依诚信为之。”在法国和德国，通过法官的解释和司法活动使原有的诚信条款上升到了基本原则的地位。日本对民法典作了修改，明确规定诚实信用为民法的基本原则。基于诚实信用原则的地位与作用，它与公序良俗原则一起被奉为最高指导原则，被学者称为“帝王条款”。[④]

---

① 董雯婧：《也论诚实信用原则与公序良俗原则的区别与适用》，《德州学院学报》2010年第5期，第118~120页。

② 张景泰：《诚实信用原则的功能及评价》，《河南省政法管理干部学院学报》2002年第5期，第118~120页。

③ 董雯婧：《也论诚实信用原则与公序良俗原则的区别与适用》，《德州学院学报》2010年第5期，第83~87页。

④ 郑玉波：《民法总则》，中国政法大学出版社，2003，第553页。

诚实信用原则是所有法律领域都适用的普遍性原则，被视为当事人诉讼行为的基本准则，对行政诉讼自然也适用。行政诉讼的立法目的不仅在于监督行政行为的合法性，也在于保障公民的权利，从而同时实现对公共利益的维护。若行政诉讼中的任何一方当事人，不遵守诚实信用原则的相关要求，就可能会导致案件的事实难以发现，或者在短时间内难以寻获，最终导致诉讼迟迟无法终结。在诉讼中，由于不可归责的客观原因，可能致使承担举证责任的一方当事人出现举证困难的情形，而根据诚实信用原则，诉讼中不负举证责任的当事人以及当事人以外第三人应当向法官提供其所知道的与案件有关的事实及证据，以便法官能够完全、迅速地查清案件的相关事实。由此看来，要求诉讼当事人履行证据协力义务，是符合诚实信用原则之无损他人利益前提下追求自身利益之要求的。由此，将诚实信用原则作为行政诉讼中证据协力义务的理论依据自然是相当合理的。

第三节 行政诉讼证据协力义务设立的意义

一、行政诉讼证据协力义务设立的重要性

（一）一般诉讼法之角度

1. 证据协力义务有助于实体公正的实现

对于诉讼当事人而言，其参与诉讼的最终目的是获得法院的公正裁判，因此，实现诉讼的实体公正对于当事人来说具有重大

的意义。行政诉讼中各种制度与规则的建立，都不能忽视实体公正的实现。对于世界上任何一个国家而言，其诉讼相关制度的建立都十分注重实体的公正。而诉讼的实体公正，必须建立在案件的真实发现之上，由此来保障法院裁判结果的公平与公正。如学者江伟所言："法官只有查明案件事实、发现真实，对实体公正抱以厚望的民众才会承认裁判的结果，裁判的正当性才会具有广泛的社会意义。"①

法院作出公正裁判必须建立在正确的法律适用与真实的案件事实的基础之上，即必须基于适用法律的正确与真实的事实获得两个方面。在行政诉讼中，对于法官而言，若其不能查明案件的事实，则会直接影响其裁判的结果。而对于诉讼当事人而言，由于趋利避害是人的本性，所以其参与诉讼并不是为了发现案件的真实情况，而是通过诉讼获取胜诉的利益。在诉讼中，当事人尤其是不负举证责任的当事人，往往对于有利于自身的证据积极提供并强调，但是对于不利于自己的证据往往不愿意提出，有的人甚至歪曲事实，采取虚假陈述的手段来打击对方当事人。由此不仅造成了法官难以查清案件事实，而且有时还会误导法官，混淆是非，最终导致裁判结果的不公正。因此，为了有利于法官查明案件事实，实现实体公正，有必要对诉讼中不负举证责任的当事人隐匿、拒绝提供证据的行为进行规制，对其科以证据协力义务的要求。诉讼当事人以及当事人以外的第三人积极提供其所持有的证据，有助于法院尽快查明案件事实，并在全面充分的证据之

① 江伟：《民事诉讼法学原理》，中国人民大学出版社，1999，第170页。

上作出公正的裁判。相反，若当事人及当事人以外的第三人拒不履行证据协力义务，那么其隐匿或拒绝提供证据、不出庭作证等行为都会对法官造成消极的影响，不利于法官查明案件事实。

2. 行政诉讼证据协力义务有助于诉讼效率的提高

效率属于经济学上的概念，主要是指投入与产出之间的一种比例关系。而诉讼中的效率则主要涉及诉讼程序进行的快慢、解决案件数量的多少以及解决案件所消耗的司法资源的多少。其主要强调诉讼中以最小的司法资源的投入来获得较大的司法收益，使案件纠纷能够得到迅速与公正的解决。① 其实，诉讼效率的实质是通过最佳的方式，消耗最少的时间，花费最少的诉讼成本而最大限度地实现诉讼的正义。诉讼的一个重要的价值目标是保证效率，防止当事人被旷日持久的诉讼程序所拖累。当事人相较于法院而言，更加接近于案件相关的事实资料，其努力参与诉讼，尽其所能提供其所知于法院，有利于案件事实的查明，从而使案件可以更快终结。如果诉讼没有效率，那么当事人的合法权益就得不到有效的保障。法谚有云，“迟来的正义非正义”，当事人对于权益的诉求不仅在于通过诉讼获得公正的裁判，还在于其合法权益能够得到快速实现。如果当事人之间的纠纷长期得不到解决，不仅会使当事人在等待裁判的过程中产生不满情绪，还将影响司法在民众心目中的权威性。② 在诉讼中，不管是被告还是原

① 李文革、郎艳辉：《虚假诉讼的发现难题及其应对》，《武汉理工大学学报（社会科学版）》2014 年第 6 期，第 1080～1086 页。

② 闫方超：《论民事诉讼中的文书提出义务》，硕士学位论文，中国政法大学，2011。

告，都是为了追求诉讼中的利益最大化，原告想要通过提起诉讼来取得诉讼上的最大利益，而被告则想通过诉讼来最大限度地避免诉讼给其带来的不利益。于是，在诉讼中当事人往往隐藏或拒绝提供对其不利的证据资料，有时甚至虚假陈述、混淆黑白，这不仅会影响法官对于案件事实的发现，而难以实现裁判的公正，有时还会造成司法资源的浪费，导致诉讼的拖延，影响诉讼的效率。因此，提高诉讼效率、降低诉讼成本、合理配置司法资源有利于真正发挥诉讼解决纠纷、维护社会秩序等方面的功能。证据协力义务的价值便在于此，其具体内容也是针对这一问题而设置的。

具体而言，一方面，对于法院而言，诉讼当事人履行证据协力义务，积极提供其所持有的证据资料，可以极大地减少法院调查案件事实证据所需花费的时间、精力以及不必要的费用，从而有利于法院及时地查清案件事实，提高诉讼效率；另一方面，对于诉讼双方当事人而言，其积极履行证据协力义务，能够降低当事人收集证据所消耗的诉讼成本，节约其不必要的精力、时间与金钱的消耗。因此，作为诉讼双方当事人都应当积极推进诉讼程序的运行，同时确立证据协力义务，对不负举证责任的当事人以及当事人以外的第三人在诉讼中隐藏、拒绝提供证据以及拒绝出庭作证的行为予以规制，并设置相应的制裁措施，不仅有利于防止诉讼的拖延，提高诉讼效率，而且有利于法官及时地查清案件事实，由此作出公正高效的裁判。证据协力义务为当事人充分收集证据提供了有效的手段，当事人能够收集到更多的证明案件事实的证据，有利于法院查清案件事实，提高法院司法裁判的效率。① 基于该义务的负担，使双方当事人能够充分收集相关证据，并能够从对方当事人处收集证据。双方当事人可以对案件的客观情况进行准确的评价，不仅有利于法院查明案件事实真相，公平分担证明责任的不利风险，更有利于庭审程序的快速集中进行，缩短了诉讼周期，节约了诉讼成本，同时也减轻了当事人疲于奔诉之累。

3. 行政诉讼证据协力义务是遏制司法实践中失信行为的需要

随着中国市场经济的不断发展，以及社会主义法治建设的逐步推进，在行政诉讼中公民对于诉讼的观念也发生了很大的变化。我国曾历经几千年来的封建专制统治，这使得我国还存在官本位思想，而且一直束缚着公民的民主思想。就是在这种观念之下，形成了我国传统的厌讼型诉讼观②，使得民众对国家公权力十分敬畏，不敢与行政机关抗衡。在行政机关执法的过程中，民众对于行政机关工作人员侵犯自己合法权益的行为往往更愿意选择息事宁人，更别说通过诉讼来主张自己的合法权益。但到了现代，随着《行政诉讼法》的颁布与实施，法制建设的不断深入，法律在社会中的地位日益重要，公民的法律意识逐渐觉醒，开始懂得运用法律武器来保护自己的合法权益，知道自己应当享有法律所保护的各项权利，原有的厌讼心理也慢慢发生了变化。但随

① 戴笺：《试论我国民事诉讼中当事人事案解明义务的引入》，硕士学位论文，华东政法大学，2014。

② 厌讼型诉讼观指当发生某种纠纷时，人们不愿意或者不喜欢将纠纷诉诸官方组织（特指审判机关），由其依照官方正式规则来解决纠纷。

之而来的问题是，我国司法实践中违反诚信的行为时有发生，存在隐藏或拒绝提供证据、拒绝出庭作证的情形，从而导致法院查清案件事实困难重重，甚至会误导法院的审理。虽然对于法院的错误裁判可以通过再审程序进行纠正，但是启动再审程序不但造成了司法资源的浪费，使法院付出不必要的人力、物力、财力，而且还会危害裁判的稳定性。

因此，无论是诉讼中不负举证责任的当事人隐匿、拒绝提供证据或者作出证明妨碍的行为，还是当事人以外的第三人、证人、鉴定人拒绝出庭作证的行为，都会危害司法公正。不仅会妨碍法官查明案件事实，影响其作出公正的裁判，而且还有可能危及诉讼秩序，打乱法院正常的司法活动，因此，诉讼当事人的行为必须纳入诉讼秩序的规范。大多数的国家都通过赋予法官一定的权力来维护诉讼秩序，以及规定诉讼当事人必要的义务来约束当事人的诉讼行为，从而使诉讼程序能够有序进行。上述提及的司法实践中的违反诚实信用原则的行为，损害了我国的诉讼秩序。最高人民法院提倡当事人与法院之间建立一种和谐关系，协力发现案件的事实，而证据协力义务正是这一要求的具体化。证据协力义务是对不负举证责任的当事人以及当事人以外的第三人科以义务，促使当事人将其所持有的有利于发现案件事实的证据资料提交法院，协助法院查明案件事实，从而实现诉讼参与各方的平衡，维护良好的诉讼秩序。因此，通过设立证据协力义务，促使不负举证责任的当事人以及当事人以外的第三人协力发现案件事实，是遏制目前司法实践中违反诚实信用原则行为的有效手段。

（二）行政诉讼法之角度

1. 行政诉讼证据协力义务符合行政诉讼内在规律的要求

行政诉讼中法院对被诉行政行为的合法性进行审查，而被诉行政行为的行使常常涉及公共利益，行政案件裁判的结果不仅关系双方当事人的权利义务关系，更关系到国家公共利益。因此，行政审判需要在正确适用法律与全面掌握案件事实，以及维护公共利益与保护个体权利之间寻求平衡的基础之上，作出公平公正的裁判。这是行政诉讼本身具有的特殊性，也是行政诉讼内在规律的要求。

具体来说，法院作出公正的裁判必须建立在正确适用法律与全面掌握案件事实的基础之上，即必须具备适用法律的正确与获得真实的事实两个方面。在行政诉讼中，对于法官而言，若其不能查明案件的事实，则会直接影响裁判的结果。但从事行政审判的法官也是普通人，行政案件所具有的复杂性与专业性，需要专业知识以及合适的制度赋予其权力，若只靠他们本身的力量，则掌握案件争议的事实常常是存在困难的；对于诉讼当事人而言，由于趋利避害是人的本性，因而其参与诉讼可能并不是为了发现案件的真实情况，而是想要通过诉讼获取胜诉的利益。在诉讼中，当事人尤其是不负举证责任的当事人，往往对有利于自身的证据积极提供并加以强调，但是对自己不利的事实证据则有可能不愿意提出，有时甚至有歪曲事实的情况出现。由此不仅造成了法官难以查清案件事实，而且有时还会误导法官，混淆是非，最终会导致裁判结果的不公正。因此，为了有利于法官查明案件事实，由此作出公平公正的判决，有必要对诉讼中不负举证责任的当事人隐藏、拒绝提供证据的行为进行规制，对其科以证据协力义务的要求。

同时，行政诉讼中作为原告的行政相对人和作为被告的行政机关之间地位不平等。被告作为被诉行政行为的主体，拥有强大的行政权力，实际掌握与控制着被诉行为合法性的所有证据，其具有完全充分的举证能力；[①] 而对于处于弱势地位的原告而言，其显然不具有平等对抗的能力，其只掌握和控制着部分的证据，如果要求原告承担与被告同等的举证责任，对其来说显然存在困难。而且，由于行政诉讼基于公益的考量，以及宪法对公民权利的保护，不能依照解决私权纷争的标准来设置举证责任的分配。因此，在行政诉讼中，一般实行举证责任倒置，由被告行政机关承担举证责任，由此来保护诉讼中处于弱势一方的行政相对人的权利，使诉讼中双方当事人处于相对均衡的地位，保障诉讼的公平与公正。行政诉讼这种独特的举证责任分配规则，体现了诉讼中对个体权利保护的重视。但是，不可否认的是，这种举证责任的分配规则在司法实践中仍然存在许多问题，有时可能会出现完全相反的情况。例如，在涉及高科技、大型建设的行政案件中，民间企业的组织及其专业知识（法律、非法律）的配备（人与物）均较为齐备，证据大部分掌握在原告而非作为被告的行政机关手中，那么此时原告手中持有的证据对于发现案件的事实就具有十分重要的作用。行政诉讼中对于原告个体权利的保护固然重要，但是对于被告行政机关权利的保护同样重要，因为行政机关

① 胡红茎：《论我国行政诉讼中的释明权》，硕士学位论文，中国政法大学，2014。

的行政执法活动是代表国家行使行政权，其权力的行使常常涉及公共利益。并且在行政诉讼中，法院对案件的裁判结果有时不仅关系到双方当事人的利益，也常常关系到当事人以外第三人的利益。对于行政诉讼中原告个体权利的保护有时会不可避免地与公共利益的维护处于一种拉锯状态，对于原告，如果让其主动放弃个人利益，将所有有利于己或不利于己的证据提交法院是非常困难的，而维护公共利益作为行政机关的职责所在也是很难让步的，那么当个体权利与公共利益发生矛盾时，就必须设置相应的规则来调和两者之间的矛盾。具体而言，如果在诉讼中一味要求行政机关承担举证责任，为了保护个体权利而不要求原告在一定情形提供其所持有的证据，由此可能造成原告为了获得胜诉而隐藏、拒绝提供证据，阻碍法院发现案件事实，从而导致诉讼的拖延，浪费司法资源，最终将损害公共利益。相反，如果为了公共利益的维护，一味要求原告承担与行政机关同样的举证责任，对于原告来说也是不公平的。此时，行政诉讼证据协力义务恰好可以弥补举证责任原则的缺陷，调和个体权利保护与公共利益维护之间的矛盾。通过设置证据协力义务使不负举证责任的原告，在一定情形下，将所持有与案件相关的证据资料提交法院，有利于法院查明案件事实，从而作出正确与公正的裁判结果。同时，行政诉讼中由被告对作出的行政行为负有举证责任，即适用举证责任倒置原则，但是这不意味着原告不负有提交证据的责任，原告也承担着一定的提交证据的责任。当原告承担提交证据的责任时，不负举证责任的被告，因履行行政诉讼证据协力义务而负有将证据提交法院的义务，此时行政诉讼证据协力义务则体现了对于原告个人权利保护的作用。因此，行政诉讼证据协力义务不仅有利于调和个体权利保护与公共利益维护之间的矛盾，甚至可以更好地保障个体权利与维护公共利益，而这也正符合行政诉讼内在规律的要求。

2. 行政诉讼证据协力义务有助于行政诉讼公平的实现

行政诉讼的公平不仅包括诉讼结果的公平，还包括诉讼程序的公平，即行政诉讼程序能否保障诉讼当事人处于一种平等的地位。这就必须通过设置合理的诉讼制度以保证诉讼双方当事人在诉讼程序上的平等权利，由此来实现诉讼的公平。

由于我国存在“官本位”思想，诉讼中作为原告的行政相对人和作为被告的行政机关之间地位并不平等。行政机关拥有强大的行政权力，而对于处于弱势地位的原告而言，其不具有平等对抗的能力，[①] 同时目前我国公民的法律意识与诉讼意识不强，而且有些公民没有经济能力聘请律师，所以在行政诉讼中，原被告之间实际上处于一种非完全对抗的地位，而这种非完全对抗的地位在诉讼中很难通过个人努力来达到真正意义上的公平对抗，因此，必须通过相关制度的设计来保障当事人的诉讼公平。鉴于此，为了尽可能实现双方当事人诉讼能力的平衡，《行政诉讼法》和《行政诉讼证据规定》作出了法官主动调查取证以及举证责任倒置的规定。但《行政诉讼证据规定》第 9 条[②]对法官依

---

① 闫方超：《论民事诉讼中的文书提出义务》，硕士学位论文，中国政法大学，2011。

② 《行政诉讼证据规定》第9条规定：“根据行政诉讼法第三十四条第一款的规定，人民法院有权要求当事人提供或者补充证据。对当事人无争议，但涉及国家利益、公共利益或者他人合法权益的事实，人民法院可以责令当事人提供或者补充有关证据。”

职权调取证据作出了明确的限制，仅在十分有限的范围内行使，对于案件的取证责任其实大部分还是由当事人自己承担。同时，虽然依据《行政诉讼法》第 34 条[①]、第 39 条[②]、第 40 条[③]和《行政诉讼证据规定》，行政诉讼中被告对作出的行政行为负有举证责任，但这并不表明原告行政相对人不承担任何举证责任。如王天华教授在《我国行政诉讼举证责任理论的反思与重构》一文中指出："尽管从现有的规定中能从逻辑上推论出原告对具体行政行为违法的事实不负举证责任，但这在实际中是不成立的。至少，原告指控行政机关滥用职权，或被告履行其举证责任之后原告还主张被告行为违法时，原告是要承担与其主张相应的举证责任的。"[④] 由此可以看出，行政诉讼中其实原告有时也需要负担一定的举证责任，那么当作为原告的相对人承担举证责任之时，行政诉讼证据协力义务对于原告获得对等的证据收集手段与能力而言，则具有十分重要的意义。理想状态的诉讼制度，应当为当事人之间的失衡状态提供补偿性的平衡手段，从而使诉讼中的当事人拥有平等的武器，并在力量抗衡上达到相对的均衡。行政诉讼证据协力义务有利于诉讼当事人提供案件相关的事实证

---

① 《行政诉讼法》第 34 条规定："被告对作出的行政行为负有举证责任，应当提供作出该行政行为的证据和所依据的规范性文件。被告不提供或者无正当理由逾期提供证据，视为没有相应证据。但是，被诉行政行为涉及第三人合法权益，第三人提供证据的除外。"

② 《行政诉讼法》第 39 条规定："人民法院有权要求当事人提供或者补充证据。"

③ 《行政诉讼法》第 40 条规定："人民法院有权向有关行政机关以及其他组织、公民调取证据。但是，不得为证明行政行为的合法性调取被告作出行政行为时未收集的证据。"

④ 王天华：《我国行政诉讼举证责任理论的反思与重构》，载《公法研究》2009 年第 1 期，第 71 ~ 96 页。

据，这些证据不仅包含利于己的和不利于己的，还包含对方当事人所刻意回避或者刻意隐藏的证据，从而促使双方当事人可以平等、公平地对抗，由此实现诉讼的公平。

3. 行政诉讼证据协力义务是法官依法行使司法变更权，作出公正判决的重要手段

司法变更权，是人民法院在审理行政诉讼案件的过程中，依照法律、法规的有关行政纠纷程序，部分或全部变更行政机关作出的行政决定的权力。[①] 被诉行政行为代表的是国家的行政权，行政权的行使涉及公共利益，因此行政案件裁判的结果不仅关系到双方当事人的权利义务关系，更关系到国家公共利益。为于维护公共利益，必要时人民法院的判决并不能局限于原告的诉讼请求。对于诉判应当一致的诉讼，当事人未必能提出合适的诉请，法院有时从案件具体情况出发，会作出与原告诉请不一致的裁判，最典型的诉判不一致的判决有确认判决、变更判决和情况判决。

司法变更权的设立，能够更好地维护公民合法权利，实现司法职能、诉讼目的，以及监督和约束行政主体依法行政。司法变更权制度就是让行政争议在司法途径中得以解决，而不再让相对人和利害关系人继续处于相对不利的行政管理过程中。可以设想的是，如果仅有撤销判决，那么作为被告的行政机关屡次违法的后果只是其行为效力在接下来的诉讼中再次被否定，而不会产生更加不利的后果。然而，从相对人一方来看，要消除行政行为的

① 马怀德：《行政诉讼原理》，法律出版社，2003，第100页。

不利影响，他们却不得不进行长期的诉讼，并在漫长的行政诉讼过程中付出较高的代价。实践中，也确实出现了此类问题，虽然根据《行政诉讼法》之规定，被诉行政行为被依法撤销后，被告不得以同一事实和理由作出与原行政行为基本相同的行政行为，但在实践中，被告重复作出相同或类似的行政行为，导致纠纷久拖不决的现象仍然存在，这种做法使行政纠纷难以解决。变更判决则有所不同，它使法院可以通过直接变更的方式，直接改变原具体行政行为的内容，在诉讼程序中彻底解决行政争议。

2014 年修改的《行政诉讼法》有多项内容与司法变更权存在直接或间接的关系。例如，《行政诉讼法》第 77 条将原来的“行政处罚显失公正的，可以判决变更”修正为“行政处罚明显不当，或者其他行政行为涉及对款额的确定、认定确有错误的，人民法院可以判决变更”。2017 年修改的《行政诉讼法》也沿用了此规定。从该条文不难看出，变更判决的范围得到了扩大。针对“涉及对款额的确定、认定”的行政行为如行政赔偿、行政补偿、行政征收、行政征用以及行政收费等，法院有权进行司法审查，并行使司法变更权。由此可以看出，2014 年《行政诉讼法》的修改扩大了法官司法变更权的范围，更加强调法院在查清案件事实方面的作用。

证据协力义务在保障法官依法行使司法变更权中发挥了积极的作用，具体来说：

一方面，行政诉讼证据协力义务的积极履行，是法官依法行使司法变更权，作出公正判决的重要手段。行政诉讼在强调公民个人权益维护的同时，对公共利益的维护也非常重视。有时为了维护公共利益，人民法院的判决并不能局限于原告的诉讼请求，由此会出现诉判不一致的情形。法院依法行使司法变更权，作出的裁判结果必须建立在充分掌握案件事实的基础之上。法院既然以裁决纠纷为己任，那么在任何属于法院管辖的案件中，法院均不得拒绝作出裁决。从此意义上说，为了在每一个案中均能体现诉讼结果上的公平正义，允许法院在具体审理过程中代替当事人收集证据以弥补证据资料缺失对发现事实的影响，似乎能够有效弥补裁判正当性的不足。然而，我国立法的模糊着实赋予了法院在案件取证上过大的自由裁量空间。自由裁量权的运用涉及法官对个案价值及利益平衡的判断与权衡能力，法律适用是否妥当往往与法官的法律素养、个人经验、价值偏好有极大的关系。案件的裁判，一旦缺乏客观的具体标准，本就处于案件客观真实之外的法官，无疑无法作出客观的判断。而且，很多情况下的案件事实单靠法院也是无法查明的，如果以案件“客观真实”为目标，或者要机械地理解“以事实为依据”的原则，那么法院就无法作出裁决。[①] 从另一个角度而言，诉讼当事人是案件的亲历者，其掌握着更多的案件证据资料，所以如果当事人能够依法履行其证据协力义务，向法院提交所持有的证据，则能更好地帮助法院查明案件事实，保障纠纷的公正解决，从而有助于法官司法变更权的顺利行使。所以说行政诉讼证据协力义务的积极履行，是法官依法行使司法变更权，作出公平公正判决的重要手段。

另一方面，行政诉讼证据协力义务是法官依法行使司法变更

① 吕立秋：《行政诉讼举证责任》，中国政法大学出版社，2001。

权，查明案件事实，增强裁判的正当性和可接受性的需要。解决纠纷是司法变更权设立的一个重要目的。当事人寻求以诉讼的方式解决纠纷，目的就是希望通过法院公正审理解决当事人之间的纷争，借助国家强制力保障实体法所赋予权益的完整实现，维护自己的合法权益。法院的裁判能够为双方当事人及社会公众接受的前提条件是法院的裁判必须公正、合理，这就要求法院应当在查清案件事实的基础上作出公正的司法裁判。[①] 在证据协力义务的制度之下，由不负举证责任的当事人及当事人以外的第三人负担证据提交的协力义务，成为法院裁决纠纷，发现案件事实的重要基础，是法院裁决纠纷的必要保障。因此，为了实现个人利益的最大化，当事人必须承担起与其所欲达成之目标相适应的诉讼主体之职责。具体到证明活动中，当事人就应当自行收集、提出证据，并以此证明自己所为之权利主张，如此一来，处于案件发生之外的法官才能依此抽丝剥茧逐步还原案件事实，并最终借助法院裁判实现对当事人权益的有效保护。然而，负有举证责任的一方当事人所应提出之证据有时会在不负举证责任的一方当事人掌控之中，这种情况破坏了个案审理中借助举证质证活动所得以还原案件事实的可能性，不仅从起点上阻碍了证明活动的顺利进行，更从结果上致使法院难以准确认定案件事实，从而损害了裁判结果的正当性。因此，保障当事人尤其是处于弱势一方当事人收集证据的手段是法院查明案件事实的前提和基础。如果不赋予当事人充分的收集证据的手段，在案件事实无法查明的情况下，

---

① 吕立秋：《行政诉讼举证责任》，中国政法大学出版社，2001。

法院仅依据举证责任原则作出不利于承担举证责任一方当事人的判决，这种做法未必合乎公平。当事人基于制度上的原因无法收集证据从而承担败诉的结果，必然导致当事人对裁判结果的排斥、不接受，长此以往，容易动摇社会公众对司法裁判的信心。[①] 行政诉讼证据协力义务允许当事人通过法院收集存在于对方当事人或第三人手中的证据材料，扩大了当事人收集证据的手段。依据行政诉讼证据协力义务，当事人能够收集到更多的证据证明自己的主张，同时法院认定案件事实的证据材料也大为丰富，在此基础上进行的案件事实认定必然会更加接近案件的实质真实，作出的司法判决更具正当性，当事人双方因其已经进行充分的举证，完全参与到司法裁判过程中，对司法裁判也更容易接受，因而才更有可能彻底解决纠纷，实现司法变更权设立的目的。

二、行政诉讼证据协力义务设立的可行性

本书前文从设立证据协力义务必要性的角度进行了探讨，在我国现阶段是否具有培植该规则存活的土壤和环境，是必须进行深入分析的。该项规则即使再好，如果我国不存在设立证据协力义务的现实基础，那么如果强制引入，则会造成其因为水土不服而最终被舍弃的结果。因此，本节将研究视角转移到证据协力义务在我国设立的可行性层面，可以得知，我国现阶段行政诉讼中已具备设立行政诉讼证据协力义务的现实基础。

---

① 闫方超：《论民事诉讼中的文书提出义务》，硕士学位论文，中国政法大学，2011。

（一）诚实信用原则的支持

作为一项古老的伦理道德准则，讲诚实守信用，自《罗马法》中被规定为具有强制力的法律规范之后，就一直被大多数国家赋予“帝王条款”的地位。[①] 诚实信用原则在私法领域一直占据着重要的地位，随着公私法的不断融合，整个法学领域开始逐渐重视诚实信用原则的地位，并且开始将其适用于不同的法律领域，认为其是当事人诉讼行为的准则。[②] 作为适用于所有法律领域的普遍性原则，诚实信用原则在《行政诉讼法》中虽然没有直接明确的规定，但是在理论上，其在诉讼法中作为基本原则的地位已经相对稳定，自然对行政诉讼也适用。我国证据法学家何家弘教授认为，司法证明之“魂”是公平原则，而司法证明之“魄”则是诚实信用原则。如果司法证明背弃了公平原则，那么其就会丧失法律价值；如果背弃了诚实信用原则，那么司法证明就丧失了基本的道德底线，最终将变成一场尔虞我诈的争斗。

在诉讼中，诚实信用原则对当事人而言，其要求作为原被告的诉讼双方当事人，无论是行使自己的诉讼权利还是履行其诉讼义务都必须讲求诚信，不能为了自己的利益而去损害他人的利益，要诚信地对待他人。[③] 对于法官而言，在其行使法律所赋予

---

① 翁晓斌：《民事诉讼诚实信用原则的规则化研究》，《清华法学》2014 年第 2 期，第 35 ~ 46 页。

② 董雯婧：《也论诚实信用原则与公序良俗原则的区别与适用》，《德州学院学报》2010 年第 5 期，第 83 ~ 87 页。

③ 张景泰：《诚实信用原则的功能及评价》，《河南省政法管理干部学院学报》2002 年第 5 期，第 118 ~ 120 页。

的自有裁量权的过程中，也必须讲求诚信。法官在审理案件的过程中，对于法律法规缺乏规定或者规定得模糊、不够明确时，又或者按照现行法律的规定进行审理将会导致极其不公平的情形时，可以根据诚信的标准来自由裁量案件。而法官在行使自由裁量权时会受到很多因素的影响，并且其裁量的结果也会影响诉讼的最终结果与公正。因此，应当以诚实信用原则来限制与规范法官在审理案件中运用自由裁量权的情形。同时，对于其他诉讼参与人而言，其在诉讼中的行为也应当受到诚实信用原则的约束。因为在许多案件中，作为其他诉讼参与人的证人、鉴定人等，对调查案件事实同样起着至关重要的作用。如果这些诉讼参与人为了个人的利益而拒绝提供证据或者伪造证据，又或者与某一方当事人串供，来谋取不法利益，都将使法院难以查明案件事实，导致诉讼的拖延，最终影响法官作出公正的裁判。

行政诉讼的立法目的不仅在于监督行政行为，也在于保障公民的权利，从而同时实现对公共利益的维护。若行政诉讼中的任何一方当事人，不遵守诚实信用原则的相关要求，就可能会导致案件的事实难以发现，或者是在短时间内难以寻获，最终会导致诉讼迟迟无法终结。在诉讼中由于不可归责的客观原因，导致承担举证责任的一方当事人出现了举证困难的情形，而根据诚实信用原则，诉讼另一方当事人以及当事人以外的第三人，应当向法官提供其所知道的有关案件事实及证据，以便法官能够完全、迅速地查清案件的相关事实，最终实现公正的审判结果。由此看来，证据协力义务要求不负举证责任的当事人以及当事人以外的第三人不应当作出隐藏、拒绝提供证据等失信行为，而应当提供其所持有的案件证据资料给法院，以协助法院尽快查清案件事实真相，这符合诚实信用原则的相关要求，也是诚实信用的应有之义。因此，诉讼诚实信用原则内涵中所包含的禁止当事人隐藏、拒绝提供证据或者作出证明妨碍的行为等，意味着在诉讼中对证据协力义务的要求。从这一层面上来说，在我国立法对诚实信用原则确立的同时，也应当对证据协力义务予以肯定。

（二）立法技术的支持

立法技术是指立法活动过程中所应体现和遵循的有关法律的制定、修改、废止和补充的技能、技巧规则的总称。其核心内容包括立法结构技术和立法语言技术。[①] 立法技术对立法以及法治具有十分重要的价值。

从立法技术层面上来讲，证据协力义务的确立有利于行政诉讼中诚实信用原则的完善，有利于促进相关的立法以及制度的协调。与直接可以适用于个案的具体规则不同的是，基本原则只能用来指导思想，原则的相关内容需要通过具体规则来予以实现，只有这样才能使原则的要求得到真正的落实。我国台湾学者黄茂荣认为，“法律原则，尤其是较高层次的法律原则，在没有进行足够的具体化之前是不具备直接适用性的”[②]。所以，既然诚实信用原则在我国诉讼法领域已经普遍适用，那么就有必要通过原则规则化这一立法技术，促使诚实信用原则在《行政诉讼法》中具体落实。诚实信用原则的规则化可以通过两种方式：一是形

① 毕可志：《论完善行政诉讼的举证责任制度》，《法制与社会发展》2000年第2期，第13~17页。

② 黄茂荣：《法学方法与现代民法》，法律出版社，2007，第293页。

成判例来为诚实信用原则提供具体的规则指引；二是设立能够体现诚实信用原则的具体规则。① 本书认为，采用第二种方式更加适合我国的国情，因为我国并不采用判例制度。虽然目前我国的案例指导制度得到了极大的发展，但是仍处于探索过程中，还存在许多的缺陷和不足，而且如果以案例指导来为诚实信用原则提供具体规则的指引，其相当于法官造法行为，由此会破坏我国案例指导制度的界限，不具有可行性。因此，针对我国目前具体国情而言，若想使诚实信用原则在《行政诉讼法》中得到具体落实，必须通过设立能够体现诚实信用原则的具体规则来实现。

设置证据协力义务有利于促进诚实信用原则的具体落实，也有利于完善我国行政诉讼规则的相关立法。具体来说：第一，公民合法权益的保护和行政合法性的确保，是建立行政诉讼制度的根本目标所在，行政审判需要在维护公共利益和保护个体权利之间寻求平衡。但无论是维护公共利益还是保护个体权利，都需要建立在客观的合法性控制上，如果没有发现案件的事实和运用正确的法律，当然也就没有真正的依法行政和权利保护。正是基于这个原因，在行政诉讼上，能否完全掌握诉讼所争论的事实，就具有十分重要的作用。因此，需要通过设立证据协力义务来确保法院查明案件的事实。第二，作为诉讼审判原则的“以事实为依据，以法律为准绳”，该原则所指事实是指案件的实际情况，而不是在当事人以及当事人以外的第三人实施不法行为后，而误导

① 翁晓斌：《民事诉讼诚实信用原则的规则化研究》，《清华法学》2014 年第 2 期，第 35 ~46 页。

法院错误认定的案件事实。因此，需要通过证据协力义务的设立，运用具体的规则，以确保法院所查明的案件事实是真实的事实。第三，虽然我国现行法已经间接地昭示不负举证责任的当事人以及当事人以外的第三人负有证据协力义务，但是对违反协力义务的制裁措施的相关规定仅散见于法律法规和司法解释中，其规定的内容少之又少，缺乏一定的系统性，仅存的规定也存在许多缺陷与不足，对当事人不能起到很好的威慑作用，从而导致诉讼中违反协力义务的情形较为普遍。设立证据协力义务，从立法规则方面进行完善，并对违反证据协力义务的法律后果进行科学合理的设置，能够规制各种情况下的不法行为，使得行政诉讼立法更加完备。

（三）传统的诚信观念与现代诚信建设的支持

我国传统的诚信观念和现代诚信建设为设立证据协力义务提供了良好的制度背景。诚信，作为中华民族的传统美德，几千年来受到人们的自觉信奉和推崇。[①] 中国是一个拥有五千年历史的文明古国，传统道德中的诚信内容主要包括以下三个方面：诚实信仰、诚实信用、忠诚信义。哲人的“人而无信，不知其可也”“一言既出，驷马难追”，无不说明了诚信的重要性。因此，诚信观很早就成为我国传统文化不可或缺的组成部分，是我们每个人都应遵守的生活准则。[②] 人不是独立的个体，人是社会活动的

---

① 张景泰：《诚实信用原则的功能及评价》，《河南省政法管理干部学院学报》2002 年第 5 期，第 118～120 页。

② 张景泰：《诚实信用原则的功能及评价》，《河南省政法管理干部学院学报》2002 年第 5 期，第 118～120 页。

主体，在复杂的社会中生活，是社会关系的承担者和体现者，人的社会活动一开始就是社会性的活动。因此，人们的思想观念和行为模式必然少不了受到社会各方面和周围环境的影响，它改变着客观物质世界，也改变着人类自身。人类就是在这种整体的文化环境中来制定法律和施行法律的，因此处于该种文化环境中的立法者以及司法者在进行立法与司法活动时，其行为的内容、方式以及程序必然会受到该种文化的影响。① 我国历来深受儒家文化思想的影响，人们自觉信奉和推崇的诚信伦理观指引着人们的思想观念和行为。因此，从某种层面上来讲，如今所说的协力义务在内涵和外延上多多少少都会与我国传统的诚信观念有所重合。根据人们内心对传统诚信观的信念和现代意义上协力义务的内涵要求，本书认为两者是存在对接的基础和可能性的。我国现在正处于社会主义法治建设过程中，诚信是我国社会主义核心价值观的重要内容。依法治国的理念、诚信体系的建设以及为了促进我国市场经济健康发展所设置的各种制度，都为我国在法律领域设立证据协力义务提供了良好的制度背景。

① 翁晓斌：《民事诉讼诚实信用原则的规则化研究》，《清华法学》2014 年第 2 期，第 35 ~46 页。

第二章　我国行政诉讼证据协力义务的现状

“法律是如此重要的社会现象，因此人们不能离开社会的其他方面而孤立地去分析法律。”①《行政诉讼法》虽然没有明确规定行政诉讼证据协力义务，但进一步考察便会发现，我国部分法律法规和司法解释已体现证据协力义务的相关内容与要求，但离构建完整的证据协力义务仍有相当的距离，存在许多的问题与不足。同时，在司法实践方面，证人不出庭作证，不负举证责任的一方当事人或者第三人隐匿、拒绝提供证据的情形日益严重。为何会出现如此状况，本书认为有必要于此章对我国证据协力义务作出一番考察。

第一节　立法方面

立法是思想和观念的交锋与妥协，是权力和权利的博弈与平

① 科特威尔：《法律社会学导论》，潘大松等译，华夏出版社，1989，第2页。

衡，没有最好的法律，只有更好的法律；没有理想的法律，只有符合实际的法律。[①] 2014年对《行政诉讼法》的修改是该法施行二十多年来第一次大幅度、大规模的修改，影响十分深远。在内容上，对受案范围、行政机关不得干预或阻碍法院立案、登记立案、跨区域管辖、起诉期限延长行政首长出庭等做了一些新的规定。2014年的修改，将一些制度性的规定上升为法律，推陈出新，使诉讼制度更科学。2017年，《行政诉讼法》也进行了修改。两次修改均有进步，但也留下一些未解的课题。例如，仍没有明文规定关于行政诉讼证据协力义务的相关内容，但这并不代表《行政诉讼法》对这一具体规则的排斥，实际上法律的若干条文和相关司法解释都笼统和模糊地体现了行政诉讼证据协力义务的内容和要求。在《行政诉讼法》《行政诉讼法解释》《行政诉讼证据规定》中，都可以寻得证据协力义务的踪影。

一、证据协力义务在我国行政诉讼立法中的体现

（一）不负举证责任的当事人行政诉讼证据协力义务的规定

1. 当事人受询问义务的规定

当事人受询问又称本人询问，乃指当事人本人基于证据方法之地位，经由法院之询问而陈述其见闻、经历之事实，并以其陈述之内容作为证据资料之证据调查。[②]《行政诉讼法》第33条将

① 卞建林、谭世贵主编《证据法学》，中国政法大学出版社，2010，第328页。

② 吉村德重、竹下守夫、谷口安平：《讲义民事诉讼法》，青林书院，1982，第227页；新堂幸司：《新民事诉讼法》（第3版补正版），弘文堂，2005，第577页，转引自占善刚：《证据协力义务之比较法研究》，中国社会科学出版社，2009，第221页。

其称为当事人的陈述。当事人陈述的内涵应当包括三个方面：首先，是以当事人作为证据方法；其次，法院对当事人进行询问是证据调查的方式；最后，法官对当事人询问，当事人基于此所出的陈述是证据资料。[①] 由于案件的当事人通常是最为了解案件事实的人，所以其提供的案件资料最有助于法院尽快查明案件事实。《行政诉讼法》第33条规定："证据包括：（一）书证；（二）物证；（三）视听资料；（四）电子数据；（五）证人证言；（六）当事人的陈述；（七）鉴定意见；（八）勘验笔录、现场笔录。以上证据经法庭审查属实，才能作为认定案件事实的根据。"其中，第6项承认了当事人陈述作为独立的证据方法的地位。

根据《行政诉讼法》第33条的规定，当事人的陈述（当事人受询问）与证人证言（证人受询问）是两种不同的证据方法，根据该法第101条，关于开庭审理未规定的事项准用《民事诉讼法》的规定，[②] 所以法院在证据调查时应当先询问当事人后询问

---

① 基于当事人受询问所作的陈述，是以当事人本人作为证据方法并以其陈述之内容作为证据资料。其不同于作为主张的陈述和作为法院阐明处分之一种，当事人被命令出庭所作之陈述，应作出区分。作为主张的陈述，是当事人基于诉讼主体地位，向法官所作的陈述，由当事人在言词辩论中予以陈述，基于辩论所提的事实主张属于诉讼资料，而非证据资料；作为法院阐明处分之一种，当事人被命令出庭所作之陈述，指为明了诉讼关系，法院在行使阐明权时往往会采取一些措施，此即称为阐明处分，法院命令当事人于言词辩论期日或期日前向法院作事实陈述即为阐明处分之一种，与作为主张的陈述相同，当事人基于阐明处分所作之陈述亦仅为诉讼资料，而不能作为证据资料使用。参见占善刚：《证据协力义务之比较法研究》，中国社会科学出版社，2009，第222页。

② 《民事诉讼法》第138条规定："法庭调查按照下列顺序进行：（一）当事人陈述；（二）告知证人的权利义务，证人作证，宣读未到庭的证人证言；（三）出示书证、物证、视听资料和电子数据；（四）宣读鉴定意见；（五）宣读勘验笔录。"

证人，但《行政诉讼法》并未真正厘定两者之间的区别。而且《行政诉讼法》对于证人询问的规定很少。在证据调查阶段，原则上应当由受诉法院在法庭上公开进行审理，对当事人进行询问亦不例外，与证人询问一样，当事人询问亦属于人的证据方法，基于证据调查的直接原则，当事人应当在证据调查期日履行到场义务，这是其应尽的义务。如果当事人不履行到场义务，应对其采取一定的制裁措施。《行政诉讼法》第 58 条规定：“经人民法院传票传唤，原告无正当理由拒不到庭，或者未经法庭许可中途退庭的，可以按照撤诉处理；被告无正当理由拒不到庭，或者未经法庭许可中途退庭的，可以缺席判决。”该条虽然明确规定了当事人不履行出庭义务的后果，但是无论是按撤诉处理或是按缺席判决处理，均不是针对作为证据方法的当事人不出庭而言，而是针对作为诉讼主体的当事人不出庭所作的处理。因为作为证据方法的当事人履行出庭义务的目的在于接受法官的询问，并由此使得法官获取证据资料，而按撤诉处理与缺席判决的处理显然均难以达到这一效果。《行政诉讼法》第 66 条规定：“人民法院在审理行政案件中，认为行政机关的主管人员、直接责任人员违法违纪的，应当将有关材料移送监察机关、该行政机关或者其上一级行政机关；认为有犯罪行为的，应当将有关材料移送公安、检察机关。人民法院对被告经传票传唤无正当理由拒不到庭，或者未经法庭许可中途退庭的，可以将被告拒不到庭或者中途退庭的情况予以公告，并可以向监察机关或者被告的上一级行政机关提出依法给予其主要负责人或者直接责任人员处分的司法建议。”该项规定虽然可以对拒不到庭或者中途退庭的被告以公告或者司法建议的方式促使其履行义务，但是其并不能强制被告履行到场义务，或者导致裁判上的不利益，其实效性实难以保障。《行政诉讼证据规定》第36条规定："经合法传唤，因被告无正当理由拒不到庭而需要依法缺席判决的，被告提供的证据不能作为定案的依据。"该条只是规定其提供的证据不能作为定案的依据，而不是对被告本身进行的制裁措施。因此，为了使当事人询问这一证据调查方法实现其应有的作用，此后《行政诉讼法》的修改中，建议明确规定在法庭询问阶段，当事人若无正当理由不履行出庭义务的，应当遭受事实认定上不利益的评价，由此来促使当事人履行到场义务以接受法院的询问。

与证人询问一样，当事人询问亦属于人的证据方法，即法院对当事人进行询问，当事人将自己对案件所知道的事实向法院陈述并以此作为证据资料。① 由此可以看出，法院对当事人所为的证据调查与对证人所为的证据调查的方式基本相同。我国现行法并未明确当事人履行陈述义务的方式，同时对当事人违反陈述义务，即无正当理由拒绝陈述时，其所应遭受的后果也没有明确的规定，这极大地限制了法官利用当事人陈述进行裁判的机会。因此，今后立法可以考虑设置当事人履行陈述义务准用证人履行证言义务的规定，同时对当事人违背陈述义务的后果规定相应的制裁措施。但需要注意的是，当事人违背陈述义务与证人违背陈述义务的制裁措施是有差异的，因为当事人是纷争的主体，与裁判结果存在直接的利益关系，而证人并非案件争议的主体，其与裁

① 占善刚：《证据协力义务之比较法研究》，中国社会科学出版社，2009，第149页。

判的结果也不存在直接的利害关系。证人不履行陈述义务大陆法系国家一般采取的制裁措施有罚款、拘留、承担不到庭所产生的诉讼费用；当事人若无正当理由不履行陈述义务的，应当遭受事实认定上不利益的后果。我国现行法律对当事人在询问中的宣誓义务没有作出规定，对作虚假陈述所遭受的后果也没有明确的规定。由于作虚假陈述的成本较小，当事人往往为了谋求胜诉的利益，而故意作虚假陈述，从而导致法院审理案件困难重重，难以发现案件的真实情况，有时甚至误导法院的审理方向，极大地浪费了司法资源，造成诉讼拖延。因此，为了保证当事人询问时陈述的真实性，可以考虑设置当事人的宣誓义务，并对当事人故意所为的虚假陈述设置相应的制裁措施。

2. 文书提交义务的规定

《行政诉讼法》第 39 条规定："人民法院有权要求当事人提供或者补充证据。"该法第 40 条规定："人民法院有权向有关行政机关以及其他组织、公民调取证据。但是不得为证明行政行为合法性调取被告作出行政行为时未收集的证据。"通过上述规定，可以推知，我国现行的行政诉讼法已经一般性地昭示当事人负有提交书证、物证的证据协力义务。该法第 41 条规定："与本案有关的下列证据，原告或第三人不能自行收集的，可以申请人民法院调取：（一）由国家机关保存而须由人民法院调取的证据；（二）涉及国家秘密、商业秘密和个人隐私的证据；（三）确因客观原因不能自行收集的其他证据。"从该条规定可以推导出，不负举证责任的当事人及当事人以外的第三人所持有的文书，只要是举证人用来作为证据方法而使用，而对其是否属于国家秘密、商业秘密或者个人隐私等隐匿利益在所不问，同时在客观上举证人无法自行收集时，文书持有人即负有将该文书作为证据提交法院的义务。由此可以看出《行政诉讼法》已将文书提交义务设定为绝对性的一般义务，只要作为证据的文书有利于法院查明案情，文书持有人即负有将该文书提交法院的协力义务。

《行政诉讼法》对当事人应负一般性的文书提交义务虽然作了间接性的规定，但是并未对当事人不履行文书提交义务的后果作出相应的规定，相关规范仅具有训示意义。不过，《行政诉讼证据规定》第 69 条则是最高人民法院以司法解释的形式规定了被告拒不提交文书应受到制裁。《行政诉讼证据规定》第 69 条规定："原告确有证据证明被告持有的证据对原告有利，被告无正当理由拒不提供的，可以推定原告的主张成立。"对于该条司法解释，首先，法院对于不履行文书提交义务的被告，并不能直接推定文书所应证明的事实为真实，科以裁判上的不利益仅在于拟制原告关于文书所记载的内容为真实。[①] 虽然被告受到法院证据评价上的不利益，但原告并未参与证据证成过程，因此对于存在证据偏在性的诉讼而言，客观上并不能全面具体地知道文书所记载的内容，从而该规定难以发挥制裁的实效。其次，被告不履行文书提交义务，而对其科以制裁，是以被告持有文书而拒绝提交法院不存在"正当理由"为要件的。通过以上论述可以得知，目前已将文书提交义务设定为绝对性的一般义务，那么，此时正

---

① 卞建林、谭世贵主编：《证据法学》，中国政法大学出版社，2010，第 328 页。

当理由一般应理解为被告非因自己的过失而导致文书不被自己所持有这种情形。最后，该条只规定了被告不履行文书提交义务时的制裁上的不利益，而对于存在证据偏在性的行政诉讼中，被告举证，原告负有文书提交义务而不履行时的制裁上的不利益却没有相关具体规定。法律只规定原告的文书提交义务而对其不履行的制裁无具体规定，使其沦为不具约束力的道德上的义务。事实上原告也具有积极举证的主客观条件，尤其是在证据偏在性诉讼中，原告履行文书提交义务更加有利于法院查明案件事实。

3. 勘验协力义务的规定

勘验是指勘验人对某种特定物、场所或人就其存在、状态等，用其五官作用的各种知觉（如视觉、听觉、嗅觉、味觉、触觉），而为认识查验以取得证据资料的证据调查形式。[①] 德国、日本并没有物证这一证据方法，其物证与勘验在本质上指同一证据方法，只是语义不同而已。但我国《行政诉讼法》第33条规定："证据包括：（一）书证；（二）物证；（三）视听资料；（四）电子数据；（五）证人证言；（六）当事人的陈述；（七）鉴定意见；（八）勘验笔录、现场笔录。以上证据经法庭审查属实，才能作为认定案件事实的根据。"从该条规定可以看出，勘验本身并不是独立的证据类型，勘验笔录才是与现场笔录、证人证言等并列独立的证据类型。同时，《行政诉讼证据规定》第33条规定："人民法院可以依当事人的申请或依职权勘验

① 卞建林、谭世贵主编《证据法学》，中国政法大学出版社，2010，第328页。

现场。”《行政诉讼证据规定》第 11 条规定：“当事人向人民法院提供物证的，应当符合下列要求：（一）提供原物。提供原物确有困难的，可以提供与原物核对无误的复制件或者证明该物证的照片、录像等其他证据；（二）原物为数量较多的种类物的，提供其中的一部分。”由此可知，在我国行政诉讼中，作为勘验的对象仅为不能转移占有的物证或现场，所以提交法院的物是作为独立的证据物证而存在，而并不是勘验的对象。

《行政诉讼法》虽然没有明文规定不负举证责任的当事人负有勘验协力义务，但是《行政诉讼法》第 39 条规定：“人民法院有权要求当事人提供或者补充证据。”该法第 40 条规定：“人民法院有权向有关行政机关以及其他组织、公民调取证据。”该法第 41 条规定：“与本案有关的下列证据，原告或第三人不能自行收集的，可以申请人民法院调取：（一）由国家机关保存而须由人民法院调取的证据；（二）涉及国家秘密、商业秘密和个人隐私的证据；（三）确因客观原因不能自行收集的其他证据。”以上规定实际上已经间接表明勘验协力义务的存在。从这些规定可以推导出，不负举证责任的当事人所持有的勘验标的物，只要是举证人用来作为证据而使用，其是否属于国家秘密、商业秘密或者个人隐私等隐匿利益在所不问，在客观上举证人无法自行收集时，勘验标的物持有人即负有将该勘验标的物作为证据提交法院的义务。这与我国现行《行政诉讼法》关于文书提交义务的范围完全相同。因此，《行政诉讼法》已将勘验协力义务设定为绝对性的一般义务，只要作为证据方法的勘验标的物有利于法院查明案情，该勘验标的物持有人即负有将该勘验标的物提交法院的行政诉讼协力义务。《行政诉讼证据规定》第69条规定："原告确有证据证明被告持有的证据对原告有利，被告无正当理由拒不提供的，可以推定原告的主张成立。"从该条司法解释可以推导出持有勘验标的物的被告，在有正当理由的情形下可不负行政诉讼勘验协力义务。因行政诉讼勘验协力义务在我国为绝对性的一般义务，所以此处的"正当理由"仅解释为被告非因自己的过失而导致勘验标的物灭失的这一种情形。

如文书提交义务一样，行政诉讼勘验协力义务是负有勘验协力义务的当事人对法院所履行的公法上的义务，而不是针对举证人的私法上的义务。因此，当当事人不履行勘验协力义务时，即不向法院提交勘验标的物时，举证人也无法申请法院对该负有勘验协力义务的当事人持有的标的物强制执行。就当事人而言，《行政诉讼法》对当事人应负一般性的勘验协力义务虽然作了间接性的规定，但是并未对当事人不履行勘验协力义务的后果作出相应的规定，相关规范仅具有训示意义。

4. 不为证明妨碍义务的规定

证明妨碍是指不负举证责任的一方当事人，因故意、过失而将诉讼中的证据灭失（含以灭失为由而拒绝提出的情形），致使双方当事人就有争议的待证事实无据可查，无证可用，因而形成待证事实不明的情形，该方当事人应承担法律后果。① 在诉讼中，举证责任原则是当诉讼案件事实处于真伪不明时法院据以裁判的准则，即应当承担举证责任的当事人没有证据来证明其

① 陈界融：《民事证据法：法典化研究》，中国人民大学出版社，2003，第68页。

主张，就要承担败诉的风险。但是，如果案件事实处于真伪不明的原因是不负举证责任的一方当事人所造成，即存在证明妨碍的情况下致使举证人举证不能时，如果机械地适用举证责任原则，此种证明上的不利后果仍完全由负举证责任的当事人承担，不免使人产生不公平之感。因此，有必要对此种证明上的不利后果在实施证明妨碍的当事人与负举证责任的当事人之间进行调整。①

《行政诉讼法》并未确立真正意义上的证明妨碍制度，没有关于证明妨碍的构成要件以及有关表现形式的具体规定。《行政诉讼法》第38条规定："在起诉被告不履行法定职责的案件中，原告应当提供其向被告提出申请的证据。但有下列情形之一的除外：（一）被告应当依职权主动履行法定职责的；（二）原告因正当理由不能提供证据的。在行政赔偿、补偿案件中，原告应当对行政行为造成的损害提供证据。因被告的原因导致原告无法举证的，由被告承担举证责任。"该条规定可以理解为被告违反不为证明妨碍义务所应遭受的制裁。对于行政赔偿案件，诉讼中原告应当对损害的事实提供证据，而对损害事实不负举证责任的被告则负有不为证明妨碍的义务，如果被告行政机关违反了该义务，则应承担举证责任转换的不利法律后果。但是本书认为，该条对被告违反不为证明妨碍义务而直接采用举证责任转换的规定无法弹性地处理该种妨碍行为，并未区分被告实施证明妨碍行为时的可归责程度，对被告是故意还是过失不加区分地一律适用举

① 杨丽：《行政诉讼证明妨碍研究》，硕士学位论文，中国政法大学，2011。

证责任转换的制裁，难免会导致不公平情况的发生。因此，应当综合考虑被告的可归责程度，以及该证据在诉讼中的重要性，由此来确定相应的制裁措施。该法第59条规定："诉讼参与人或者其他人有下列行为之一的，人民法院可以根据情节轻重，予以训诫、责令具结悔过或者处一万元以下的罚款、十五日以下的拘留；构成犯罪的，依法追究刑事责任：（一）有义务协助调查、执行的人，对人民法院的协助调查决定、协助执行通知书，无故推拖、拒绝或者妨碍调查、执行的；（二）伪造、隐藏、毁灭证据或者提供虚假证明材料，妨碍人民法院审理案件的；（三）指使、贿买、胁迫他人作伪证或者威胁、阻止证人作证的；（四）隐藏、转移、变卖、毁损已被查封、扣押、冻结的财产的；（五）以欺骗、胁迫等非法手段使原告撤诉的；（六）以暴力、威胁或者其他方法阻碍人民法院工作人员执行职务，或者以哄闹、冲击法庭等方法扰乱人民法院工作秩序的；（七）对人民法院审判人员或者其他工作人员、诉讼参与人、协助调查和执行的人员恐吓、侮辱、诽谤、诬陷、殴打、围攻或者打击报复的。人民法院对有前款规定的行为之一的单位，可以对其主要负责人或者直接责任人员依照前款规定予以罚款、拘留；构成犯罪的，依法追究刑事责任。罚款、拘留须经人民法院院长批准。当事人不服的，可以向上一级人民法院申请复议一次。复议期间不停止执行。"通过该条规定可知，在我国行政诉讼中，不负举证责任的当事人实施证明妨碍行为的将遭受的制裁措施包括训诫、责令具结悔过、罚款、拘留、构成犯罪的追究刑事责任这五种，而没有科以其裁判上的不利益。本书认为，这一制裁措施缺乏科学的考量，该条规定的不利后果与从事此种行为所获得的不当利益是不相匹配的。不负举证责任的当事人阻止证人作证或者毁灭、伪造证据，是为了使负举证责任的当事人无法提供重要证据，从而谋求自己在事实认定上的不正当利益，从而使对方当事人败诉。也就是说，有时当事人宁愿承受此条所规定的不利后果，以换得诉讼上的胜利。因此，为了抑制证明妨碍行为的发生，使法院更好地查明案件事实，只有通过设置证明妨碍制度，来调整当事人之间证明利益的归属。

（二）当事人以外的第三人行政诉讼证据协力义务的规定

1. 文书提交义务的规定

《行政诉讼法》一般性地昭示了第三人也负有提交书证和物证的行政诉讼证据协力义务。只要作为证据的文书有利于法院查明案情，文书持有人即负有将该文书提交法院的协力义务。同时，对于第三人不履行文书提交义务，《行政诉讼法》第59条规定："诉讼参与人或者其他人有下列行为之一的，人民法院可以根据情节轻重，予以训诫、责令具结悔过或者处以一万元以下的罚款、十五日以下的拘留；构成犯罪的，依法追究刑事责任：（一）有义务协助调查、执行的人，对人民法院的协助调查决定、协助执行通知书，无故推拖、拒绝或者妨碍调查、执行的；（二）伪造、隐藏、毁灭证据或者提供虚假证明材料，妨碍人民法院审理案件的；（三）指使、贿买、胁迫他人作伪证或者威胁、阻止证人作证的；（四）隐藏、转移、变卖、毁损已被查封、扣押、冻结的财产的；（五）以欺骗、胁迫等非法手段使原告撤诉的；（六）以暴力、威胁或者其他方法阻碍人民法院工作人员执行职务，或者以哄闹、冲击法庭等方法扰乱人民法院工作秩序的；（七）对人民法院审判人员或者其他工作人员、诉讼参与人、协助调查和执行的人员恐吓、侮辱、诽谤、诬陷、殴打、围攻或者打击报复的。人民法院对有前款规定的行为之一的单位，可以对其主要负责人或直接责任人员依照前款规定予以罚款、拘留；构成犯罪的，依法追究刑事责任。”《行政诉讼证据规定》第78条规定，对应当协助调取证据的单位和个人，无正当理由不履行协助义务的，可以追究其法律责任。通过以上两条规定可知，在《行政诉讼法》中，对于不履行文书提交义务的第三人，无论是个人或是单位，法院均可采取制裁措施。对个人的制裁措施有训诫、责令具结悔过或者罚款、拘留、追究刑事责任；对单位负责人或直接责任人员的制裁措施有罚款、拘留、追究刑事责任。但是，该条规定的制裁措施，并不能直接强制不履行文书提交义务的第三人履行其义务。因文书提交义务乃是公法上的义务，所以法院并不能直接扣押该文书而强制占有该文书。因此，从某种意义上来说，法院强制解除第三人对文书的持有，属于对第三人财产权的侵害，应依法律保留原则，由法律作出明确授权。此外，现行立法并未赋予该第三人特定情形下文书提交的拒绝权，但是与设置证人证言拒绝权同样，在《行政诉讼法》此后的修改中，应当考虑设置文书持有人特定情形下的拒绝权。

2. 勘验协力义务的规定

《行政诉讼法》关于勘验协力义务与文书提交义务规定的范围完全相同，当事人以外的第三人所持有的勘验标的物，只要是举证人用来作为证据方法而使用，其是否属于国家秘密、商业秘密或者个人隐私等隐匿利益在所不问，同时在客观上举证人无法自行收集时，勘验标的物持有人即负有将该勘验标的物作为证据方法提交法院的义务。因此，《行政诉讼法》已将勘验协力义务设定为绝对性的一般义务，只要作为证据方法的勘验标的物有利于法院查明案情，该勘验标的物持有人即负有将该勘验标的物提交法院的协力义务。同时，对于第三人不履行勘验协力义务，拒绝法院调取其所持有的物证与第三人不履行文书提交义务的法律后果一样，由《行政诉讼法》第59条和《行政诉讼证据规定》第78条规范。

3. 证人义务的规定

证人的言辞陈述即为证言，以证言作为证据资料的证据调查形式，即为证人询问。证人出庭陈述其证言，其目的在于向法院提供其所掌握的证据资料，作为法院裁判的依据，[①]所以证人义务的履行并不是针对当事人所负有的诉讼法上的义务，而是针对代表国家的法院所为的公法上的义务。在我国行政诉讼中，证人义务包含出庭义务与陈述义务，而不包括宣誓义务。

证人到场是指证人遵法院之命到当事人之间所生事端的现场。[②]《行政诉讼证据规定》第41条规定："凡是知道案件事实的人，都有出庭作证的义务。"通过该规定可知，我国明确规定

① 卞建林、谭世贵主编《证据法学》，中国政法大学出版社，2010，第328页。

② 占善刚：《证据协力义务之比较法研究》，中国社会科学出版社，2009，第149页。

了证人负有出庭作证的义务，但是我国《行政诉讼法》并未像德国、日本相关立法一样，对证人不履行出庭义务设置明确的制裁措施，而只是在《行政诉讼证据规定》第71条规定了应当出庭作证而无正当理由不出庭作证的证人证言不能单独作为定案的依据，此项规定并非对其所作的制裁性的规定，对证人的实际利益并未产生任何影响，所以并不具有约束力。因此，为了实现证据调查的直接原则与裁判的真实，法律必须明确规定证人不履行出庭义务时所遭受的公法上的制裁。

《行政诉讼证据规定》第46条规定："证人应当陈述其亲历的具体事实。证人根据其所经历所作的判断、推测或者评论，不能作为定案的依据。"这是对证人证言义务的规定。证言义务，又称陈述义务，是指证人在法院证据调查期日，在法官面前陈述其体验的事实结果之义务。[①] 证人陈述证言虽然以口头陈述为原则，但《行政诉讼证据规定》第41条[②]规定了五种情形经法院准许，可以提交书面证言。值得注意的是，在适用该项规定时，应严格解释其他特殊原因确实无法出庭而提交书面证言的情形，为了更大限度地贯彻证据调查的直接言词原则，应当尽可能减少证人提交书面证言的适用。同时，证人的证言必须是客观的，如

---

① 占善刚：《证据协力义务之比较法研究》，中国社会科学出版社，2009，第162页。

② 《行政诉讼证据规定》第41条规定："凡是知道案件事实的人，都有出庭作证的义务。有下列情形之一的，经人民法院准许，当事人可以提交书面证言：（一）当事人在行政程序或者庭前证据交换中对证人证言无异议的；（二）证人因年迈体弱或者行动不便无法出庭的；（三）证人因路途遥远、交通不便无法出庭的；（四）证人因自然灾害等不可抗力或者其他意外事件无法出庭的；（五）证人因其他特殊原因确实无法出庭的。"

果不是其真实体验的事实，而是根据其所经历的事件而作的具有主观性质的判断、推测或者评论，其证言是不能作为定案依据的。虽然我国现行法律对证人的陈述义务作出了明确的规定，但是当证人不履行陈述义务，无正当理由拒绝陈述证言时，对其所应遭受到的公法上的制裁措施却缺乏具体的规定，难以达到强制证人履行其陈述证言义务的目的。对于证人违背证人义务而作虚假证言的，其所受到的制裁措施，我国现行法律作出了相关规定。《行政诉讼证据规定》第76条规定，对于证人作伪证的，其采取的制裁措施有训诫、责令具结悔过或者罚款、拘留、构成犯罪的追究其刑事责任。同时值得注意的是，我国现行法律并不承认证人的证言拒绝权，这种一味追求实质真实而忽略其他更值得保护或者起码需要得到同等保护的利益，是与现代依法治国理念所不相符的，所以建议《在行政诉讼法》此后的修改中，应当考虑设置证言拒绝权制度，以调和诉讼中的真实发现与其他利益维护之间的冲突。

4. 鉴定义务的规定

《行政诉讼证据规定》第31条规定："对需要鉴定的事项负有举证责任的当事人，在举证期限内无正当理由不提出鉴定申请、不预交鉴定费用或者拒不提供相关材料，致使对案件争议的事实无法通过鉴定结论予以认定的，应当对该事实承担举证不能的法律后果。"从该条规定可知，我国似乎并不承认法院可依职权进行鉴定。本书认为鉴定作为证据方法，具有补充法官判断能力不足的功能，从该层意义上来说，应当赋予法院依职权进行鉴定的职能。鉴定人作为法院的辅助者，应处于客观中立的地位，并且其具有可替代性。当鉴定人由于存在可能影响其中立性的因素而使其不能客观诚实地鉴定时，法院可以另行选择鉴定人进行鉴定，以此来保证鉴定的客观真实。《行政诉讼法》第55条规定：“当事人认为审判人员与本案有利害关系或者有其他关系可能影响公正审判，有权申请审判人员回避。审判人员认为自己与本案有利害关系或者有其他关系，应当申请回避。前两款规定，适用于书记员、翻译人员、鉴定人、勘验人。院长担任审判长时的回避，由审判委员会决定；审判人员的回避，由院长决定；其他人员的回避，由审判长决定。当事人对决定不服的，可以申请复议一次。”从该条规定可知，我国对鉴定人回避的事由适用法官回避的事由。关于回避的决定权，依该条可知是由审判长来决定，且允许对决定不服的当事人，申请复议一次。此项规定对于当事人程序上的保障似乎不是很周全，应当规定由法院采取裁定的形式对回避的申请作出裁定，若当事人不服该裁定可以向上一级法院上诉。

鉴定人的鉴定意见作为独立的证据，并不会因为鉴定人为法院的辅助者而有所改变，[①] 所以鉴定人应负有协助法院进行证据调查的义务，而且此种义务同样是针对代表国家的法院所为的公法上的义务。但是与证人义务所不同的是，鉴定义务的主体是特定的人，即具备作为鉴定人所必需的专业知识的人对国家所负的协力义务。同时，因为鉴定人是运用其专业知识向法官提供鉴定意见，只要是具备鉴定所需的特别知识的人就可担当

① 卞建林、谭世贵主编《证据法学》，中国政法大学出版社，2010，第328页。

鉴定人，所以鉴定人具有可替代性，这点与证人的不可替代性不同。

《行政诉讼证据规定》第39条规定："当事人应当围绕证据的关联性、合法性和真实性，针对证据有无证明效力以及证明效力大小，进行质证。经法庭准许，当事人及其代理人可以就证据问题相互发问，也可以向证人、鉴定人或者勘验人发问。"由此可以间接性地推导出鉴定人负有出庭的义务。《行政诉讼证据规定》第47条规定："当事人要求鉴定人出庭接受询问的，鉴定人应当出庭。鉴定人因正当事由不能出庭的，经法庭准许，可以不出庭，由当事人对其书面鉴定结论进行质证。"该条明确规定了鉴定人的出庭义务。鉴定人属于人的证据，基于证据调查的直接原则，鉴定人应当在收到法院的传唤后履行到场义务，这是其应尽的公法上的义务，所以如果鉴定人不履行到场义务，应受到公法上的制裁。但是我国并未设置鉴定人不履行出庭义务时所应遭受的制裁。此种只设置义务而无具体制裁措施的规定，会使其沦为不具有约束力的道德规范，当事人无法对鉴定人进行询问，从而使鉴定意见的可信度得不到有效地检验。建议今后的立法应当对鉴定人不履行到场义务所遭受的制裁措施作出明确的规定，以强制其履行到场义务。

《行政诉讼证据规定》第47条规定："当事人要求鉴定人出庭接受询问的，鉴定人应当出庭。鉴定人因正当事由不能出庭的，经法庭准许，可以不出庭，由当事人对其书面鉴定结论进行质证。鉴定人不能出庭的正当事由，参照本规定第四十一条[①]的规定。对于出庭接受询问的鉴定人，法庭应当核实其身份、与当事人及案件的关系，并告知鉴定人如实说明鉴定情况的法律义务和故意作虚假说明的法律责任。”由此可以推断鉴定人负有陈述鉴定意见的义务。同时，由于鉴定所涉及的事项往往是专业的知识领域，有时无论法院或者是当事人都可能会存在理解上的困难，所以必要时应当要求鉴定人在证据调查期日对鉴定意见作出必要的解释和说明。《行政诉讼证据规定》第 32 条规定：“人民法院对委托或者指定的鉴定部门出具的鉴定书，应当审查是否具有下列内容：（一）鉴定的内容；（二）鉴定时提交的相关材料；（三）鉴定的依据和使用的科学技术手段；（四）鉴定的过程；（五）明确的鉴定结论；（六）鉴定部门和鉴定人鉴定资格的说明；（七）鉴定人及鉴定部门签名盖章。前款内容欠缺或者鉴定结论不明确的，人民法院可以要求鉴定部门予以说明、补充鉴定或者重新鉴定。”虽然我国对鉴定人陈述鉴定意见的义务作了规定，但是当鉴定人不履行陈述鉴定意见义务，无正当理由拒绝陈述鉴定意见时，对其所应遭受到的公法上的制裁措施却缺乏具体的规定，难以达到强制鉴定人履行其陈述义务的目的。然而，对鉴定人违背鉴定义务而作虚假证言的，其所受到的制裁措施，与

---

① 《行政诉讼证据规定》第 41 条规定：“凡是知道案件事实的人，都有出庭作证的义务。有下列情形之一的，经人民法院准许，当事人可以提交书面证言：（一）当事人在行政程序或者庭前证据交换中对证人证言无异议的；（二）证人因年迈体弱或者行动不便无法出庭的；（三）证人因路途遥远、交通不便无法出庭的；（四）证人因自然灾害等不可抗力或者其他意外事件无法出庭的；（五）证人因其他特殊原因确实无法出庭的。”

证人作伪证一样，我国现行法律作出了相关规定。《行政诉讼证据规定》第76条规定，对于鉴定人作伪证的，采取的制裁措施有训诫、责令具结悔过或者罚款、拘留、构成犯罪的追究其刑事责任。同时值得注意的是，我国现行法律并未规定鉴定人的拒绝鉴定权，建议在《行政诉讼法》此后的修改中，应当考虑设置鉴定人的拒绝鉴定权。

二、证据协力义务在我国行政诉讼立法中存在的问题

从上述相关的法律和司法解释的规定可以看出，我国立法对行政诉讼证据协力义务的要求主要体现在证人义务、鉴定人义务、当事人受询问义务、不为证明妨碍义务、文书提交义务以及勘验协力义务的相关规定中。这些内容可以看作我国现行立法中对证据协力义务的主要体现。但是，应当发现，虽然我国现行立法中已经体现证据协力义务的相关要求，但是离完整意义上的证据协力义务的构建仍有相当的距离，存在许多的问题与不足。本书认为我国现行立法在证据协力义务的规定存在以下问题。

（一）立法缺乏对行政诉讼证据协力义务明确系统的规定

随着我国司法改革的不断深入，无论是理论界还是实务界都越来越重视强调法官地位的中立以及加强对当事人权利的保护。这不仅有利于法官公正地审理案件，保证诉讼的公平公正，而且有利于维护当事人的合法权益，实现司法的权威。但是从另一个角度来说，我国立法对当事人进行授权性规定的同时却忽略了对当事人限权性的约束，反映到《行政诉讼法》就集中体现在对

证据协力义务缺乏明确具体的规定。

从严格意义上来讲，我国现行立法中关于证据协力义务的规定主要散见于不同的立法条文中。在《行政诉讼法》中，仅有关于文书提交义务、当事人受询问义务以及不为证明妨碍义务的规定。此外，《行政诉讼证据规定》也针对这几种证据而负有的证据协力义务作出了不同规定。但是，从这些法律法规和司法解释中可以看出，体现证据协力义务的规定是少之又少，而且分布零散，存在许多的问题与不足，缺乏系统性与明确性，这在一定程度上造成了法官在适用这些规定对不履行协力义务的当事人及当事人以外的第三人进行制裁时的困难。

（二）立法缺乏对违反行政诉讼证据协力义务相应法律后果的具体规定

我国现行立法对证据协力义务的设置基本存在于行为规范层面，缺乏效果性的规范，没有具体规定当事人及当事人以外的第三人违反证据协力义务的不利法律后果。这种效果性规范的缺失导致相关规范不具有约束力，而沦为道德性规范，徒具训示意义，从而造成了在司法实践中大量隐匿或拒绝提供证据、证人不出庭作证、虚假陈述等情形的出现。而法官却不能对这些违反证据协力义务的不法行为进行有效的制裁，从而严重影响了法院对于案件的公正裁判与诉讼的公平公正，甚至造成诉讼拖延，不利于司法权威的实现。由于案件的当事人通常是最为了解案件事实的人，其最有可能提供案件资料，这些资料有助于法院尽快查明案件事实，且当事人是案件纷争的主体，与裁判结果存在直接的利害关系，受胜诉的利益驱使，不负举证责任的当事人极有可能隐匿或拒绝提供证据。而现行立法对于证据协力义务以及违背证据协力义务的具体法律后果都没有相应的规定，从而对当事人不能形成有力的威慑，导致诉讼中违背证据协力义务的行为层出不穷，严重影响了司法的公正与权威。

具体来讲，我国现行立法虽然直接或间接地规定了证据协力义务，但并没有对每种证据协力义务的违背后果作出明确具体的规定，使其仅具有训示意义，而不具有约束力。例如，《行政诉讼法》对当事人应负一般性的文书提交义务、勘验协力义务虽然作了间接规定，但是并未对当事人不履行文书提交义务、勘验协力义务的后果作出相应的规定。虽然《行政诉讼证据规定》第69条规定了被告拒不提交文书、物证而受到的制裁。但该条只规定了被告不履行文书提交义务和勘验协力义务时的不利益，而对于存在证据偏在性的行政诉讼，被告举证，原告负有文书提交义务、勘验协力义务而不履行时，应受到何种制裁却没有相关具体规定。事实上，原告具有积极举证的主客观条件，尤其是在证据偏在性的诉讼中，原告履行文书提交义务、勘验协力义务，更加有利于法院查明案件事实。我国立法对于证人、鉴定人无正当理由不履行出庭义务、陈述义务也没有设置任何制裁措施，当事人无法对证人、鉴定人进行询问，从而使证言、鉴定意见的可信度得不到有效检验。《行政诉讼法》虽然明确规定了当事人不履行出庭义务的后果，但通过上文论述可知，此种处理均不是对作为证据方法的当事人不出庭而言，而是对作为诉讼主体的当事人不出庭所作的处理。因为作为证据方法的当事人履行出庭义务的目的在于接受法官的询问，并由此使得法官获取证据资料，而按撤诉处理或缺席判决处理的案件显然难以达到这一效果，并不能强制被告履行到场义务，或者导致裁判上的不利益，其实效难以保障。同时，立法对当事人违反陈述义务，即无正当理由拒绝陈述时，对其所应遭受的后果也没有明确的规定，这限制了法官利用当事人陈述进行裁判的机会。对于证明妨碍行为人的制裁措施包括训诫、责令具结悔过或罚款、拘留、构成犯罪的追究刑事责任这五种，而没有科以其裁判上的不利益，此种不利后果与从事此种行为所获得的不当利益是不相匹配的，并不能有效地遏制证明妨碍行为的发生。

由于现行立法规定的模糊性，没有明确规定违背义务所应遭受的制裁，诉讼中违背证据协力义务的行为屡禁不止，这不仅影响法庭证据调查环节，阻碍法官对案件事实的发现与公正裁判的实现，而且使当事人遭受诉讼上的不利益，甚至造成诉讼的拖延，最后不利于实现司法的公正与权威。

（三）立法缺乏对第三人相应拒绝权的规定

我国现行立法并未赋予当事人以外的第三人在一定情形下拒绝履行证据协力义务的权利。如前文所述，《行政诉讼法》规定当事人以外的第三人所持有的文书，只要是举证人用来作为证据而使用，不管其是否属于国家秘密、商业秘密或者个人隐私等隐匿利益，同时，在客观上举证人无法自行收集时，文书的持有人即负有将该文书提交法院的义务。由此，可以看出，《行政诉讼法》已将文书提交义务设定为绝对性的一般义务，只要作为证据的文书有利于法院查明案情，文书持有人即负有将该文书提交法院的协力义务，而不论该义务人是当事人或是当事人以外的第三人，以及履行该义务是否可能损害其个人合法权益。此外，《行政诉讼法》由于强调裁判的真实性，也没有赋予证人拒绝证言权、鉴定人拒绝鉴定权。

履行证据协力义务虽然是法律规定的当事人以外的第三人应负有的义务，但是其毕竟不是诉讼当事人，与诉讼结果并无直接的利害关系，若因为履行证据协力义务而致使其受到人身或财产上的损失，对其来说难免有违公平，因此，为了保护诉讼当事人以外的第三人的隐匿利益和尊重其合法权益，应当赋予该第三人一定情形下的拒绝权，如证人的拒绝证言权、鉴定人的拒绝鉴定权、第三人的拒绝提交文书或勘验标的物的权利。从大陆法系国家或地区的相关立法可以看出，一般具有下列事由时，该第三人可以拒绝履行证据协力义务：（1）该第三人与当事人之间存在一定的身份关系；（2）第三人本人或者与第三人存在一定身份关系之人会因为作证而遭受刑事追诉或其名誉与财产受到损失的；（3）陈述证言、鉴定意见或者提供的文书、勘验标的物将泄漏其技术上或职业上秘密的；（4）因一定职务关系，将违背其因业务所知晓的有关他人秘密的事项时，可拒绝作证。

综上所述，《行政诉讼法》在科以当事人以外的第三人负担证据协力义务的同时，也应当赋予其一定情形下拒绝的权利，以保护其更值得保护或至少需要同等保护的权益。

（四）立法缺乏对行政诉讼证据协力义务的配套保障制度

我国现行立法虽然直接或间接地规定了不负举证责任的当事人及当事人以外的第三人的证据协力义务，但是诚如上文所述，该义务的设置仅停留于行为规范层面，而缺乏效果规范层面的规定。因此，证据协力义务的相关设置离完整意义上的制度构建型的证据协力义务规定还有相当大的距离，证据协力义务作为一项复杂的制度，在我国现行立法中仅以几个法律条文予以概括，缺乏配套的保障制度，这就造成在司法实践中被极少适用和适用困难的情形。

在不断推进证据协力义务在我国具体落实的同时，还需要建立与完善与之相应的保障机制。只有通过建立完善、具体的保障机制，才能更好地优化证据协力义务在我国的适用环境，保障证据协力义务的具体规则在我国得到切实有效的适用，从而真正实现证据协力义务在我国立法上的价值。

第二节　司法实践方面

一、证据协力义务在我国司法实践中存在的问题

诚如本书开篇所提到的案件，主要涉及行政诉讼证据协力义务中不为证明妨碍义务的情形，司法实践中违反行政诉讼证据协力义务的行为各种各样，例如，当事人隐匿或拒绝提供证据、当事人虚假陈述、证人鉴定人不出庭作证或者作伪证等，不但影响了法官查明案件事实，损害了当事人的合法权益，危害了司法公正，而且浪费了司法资源。如果不对此种行为进行有效地制裁，最终可能动摇公民对司法的信心。如果诉讼当事人对诉讼资料无

法平等利用，而法官在此基础上作出裁判，不仅裁判的结果难以经受考验，而且有可能动摇司法在公民心中的权威。长此以往司法的公信力终会受到动摇。

二、不履行证据协力义务的原因

司法实践中违反证据协力义务的行为日益严重，损害了当事人的合法权益和司法的权威性，因此，有必要对司法实践中当事人及当事人以外的第三人违反协力义务行为的原因进行探究，从而有针对性地找出解决问题的办法。

（一）行政机关层面

一是主体因素。首先，部分行政机关工作人员的素质不高，难以适应执法工作的需要。① 对于执法的行政机关工作人员而言，其素质要求不仅包括思想政治素质、文化业务素质，尤其是对法律素质有严格的要求。但是现实的情况却是，有些行政机关的执法人员的道德水平与业务文化知识水平有待提高，并且缺乏对法律法规专业知识的全面、完整、系统地学习，尤其是针对修改之后的法律法规没有与时俱进地学习和了解。部分行政机关工作人员在执法的过程中凭旧有经验办事，不注重对法律知识的更新，甚至不知道法律对行政执法程序的规定。② 因此，行政机关的部分工作人员在执法的过程中就很难做到严格依照法定程序办案，公正执法。其次，受不正确的思想作风影响。部分行政执法

① 蔡书芳：《试论行政违法及其预防》，《新西部》2011 年第 Z1 期，第97 页。

② 章志远：《行政相对人程序性权利研究》，《中共长春市委党校学报》2005 年第 1 期，第 65 ~68 页。

工作人员在执法的过程中，常常采取一种简单的命令服从的方式，其习惯性地以政策与行政命令来进行行政管理活动，不注重依法行政的重要性。这种习惯性行政违法行为，并不是行政机关执法人员不知道其行为的违法性和相关法律法规的要求，而是对于法律法规虽然有所学习了解，也知道其在办案过程中应当遵守法定程序，但是在主观上却根本不注重或考虑该违法行为所造成的社会影响。正是这种“特权”思想、“行政习性”① 的影响，使其在行政执法的过程中常常以“管人者”自居，从而忽视了依法行政的要求，未按照法律规定的行政程序进行执法活动，有时甚至认为法定程序对自己的执法活动是一种束缚，而不注重对作为行政相对人的公民合法权益的保护，最终将行政执法的过程演变为不受法律法规约束的个人行为。② 最后，重实体轻程序观念的影响。行政机关工作人员对于程序的意义与作用认识得不够，于是，在行政执法的过程中往往关注的重点不在于程序的合法，而在于其后果。换句话说，只要执法的结果是正确的，过程中对于程序的要求不算问题。于是，在这种观念之下，程序本身就不存在独立的价值而仅被当作工具。

二是法律因素。行政程序法律规范自身存在缺陷。“依法行政”要求行政机关在执法的过程中必须严格按照法律法规的要求履行职责，科学、合理的法律法规是其依法行政的基础与前提。

① 行政习性主要指行政机关及其工作人员长期以来形成的习惯性的工作作风、工作方法或工作态度等。

② 尹剑斌、赖中茂、江金峰：《论行政法上的平等原则》，《广西政法管理干部学院学报》2003 年第 3 期，第 15 ~ 19 页。

但是目前，我国规范行政机关执法活动的法律法规存在不少问题和缺陷。具体表现为：首先，我国目前尚未制定统一的行政程序法，现有的关于行政程序的规范散见于单行法律、法规、条例中，缺乏系统性，而且多是原则性的规定，缺乏可操作性。同时，大多数的程序规范往往与实体规范相结合，甚至有的法律法规只规定了实体规范而无程序性的规范，“重实体、轻程序”的倾向仍然比较严重。其次，我国尚未系统全面地建立现代的行政程序制度，现有的行政程序规范还属于粗放型的程序规范，如听证制度、说明理由制度等。现有的程序规范仍存在诸多的不足，无法满足现代行政法治精神的要求。最后，长期以来绝大多数有关于行政程序的规范都是由行政机关自行制定，因此在具体内容的规定上存在一定的片面性。从现有的行政程序规范可以看出，对于权利义务的分配，在行政机关、行政相对人以及行政程序的参与人之间存在不合理之处，有的规范缺乏一定的民主性，多以行政职权为本位。因为行政机关常常考虑自身或者所处的部门利益，在立法时赋予自身较多的权力，而使行政相对人承担较多的义务，过多地强调行政相对人所须遵守的程序。同时，现有的法律法规没有充分体现现代行政程序对于控权性、民主性、平等性的要求，具体体现在对行政程序的要求不高，忽视对行政机关行政行为的规制，因此无法充分有效遏止行政程序违法行为的发生。

（二）民众层面

一方面，我国民众较缺少维护自身合法权益的意识和制约行政机关权力的意识。《行政诉讼法》的颁布与实施，对我国公民的观念和行为产生了积极的影响，具体体现在我国的许多公民开始意识到自己的主人翁地位，公民权利意识有所提高，知道自己应当享有的法律所保护的各项权利，因此开始主动向行政机关主张权利要求。但是，由于我国是一个经历过漫长封建制度的国家，几千年的封建君主专制统治使得我国官本位思想严重，[①] 这使得民众对国家公权力十分敬畏，不敢积极主动去争取权利，也不敢与行政机关抗衡。因此，在行政机关执法的过程中民众对行政机关工作人员侵犯自己合法权益的行为往往选择息事宁人。[②]同时，我国大部分民众缺乏法律意识，虽然目前我国积极推进民主法治建设，但是民众对此仍缺乏完全充分的理解，对于法律所赋予的权利认识不足。而且对于其所享有的权利和应承担的义务之间的关系也没有很好地理解，并没有认识到其既是法定权利的享有者，也是法定义务的承担者。因此，在行政机关执法的过程中，民众对于自己所享有的合法权益并没有充分的认识，认为自己只是执法的对象，被动地接受行政机关的管理是理所应当的，何谈通过法律来维护自身的合法权益。[③] 有的民众认为法律是用来约束自己行为的，遵守法律是因为害怕受到处罚，而不是用来保护和实现自己合法权益的。因此，即使在行政执法过程中遭受了行政机关的侵害，民众也没有意识去收集有利于保护自己权益的相关证据资料，从而在之后的行政诉讼中不能很好地保护自己

① 王克稳：《论行政诉讼中利害关系人的原告资格——以两案为例》，《行政法学研究》2013 年第 1 期，第 38 ~45 页。

② 王万华：《行政诉讼原告资格》，《行政法学研究》1997 年第 2 期，第 78 ~84 页。

③ 高家伟：《论行政诉权》，《政法论坛》1998 年第 1 期，第 7 页。

的合法权益。尤其是在经济不发达的地区，由于各种主客观因素的影响，那里的民众对法定权利的了解就更加有限，也就更不用说去实现和维护自己的合法权益了。于是，当其合法权益受到侵害时，往往采取比较极端的做法，一般采用武力去解决纠纷。这样做的后果是不仅其合法权益得不到有效的保护，反而会因为触犯国家法律而受到不利的制裁。因此，必须加强我国公民的权利意识与法律意识，使其在权利受到损害时懂得收集相关证据资料，从而在之后的诉讼中更好地实现与维护自身的合法权益。

另一方面，我国部分民众的利益观发生了一定程度的扭曲。由于受到市场经济追求利益观念的影响，我国部分民众的利益观受到了一定的扭曲，反映在行政诉讼中，就是当事人以及当事人以外的第三人缺乏崇高的司法理念。[①] 司法实践中，当事人一般认为打官司就是打证据，如果没有证据就无法打赢官司。于是在诉讼中，有的当事人为了达到胜诉的目的，隐匿、拒绝提供证据，有时甚至提供虚假证据或者虚假的陈述来实现不法诉讼的目的。而当事人以外的第三人，如证人常常出于自己利益考虑，或者害怕打击报复而不出庭作证，甚至作伪证。这些行为导致了法院在审理案件的过程中困难重重，有时甚至会误导法院的调查方向，使法院无法查明案件的事实，浪费了司法资源。同时，立法没有明确规定证据协力义务，致使有的当事人及当事人以外的第三人无所顾忌地实行以上行为，严重影响了司法的公正与权威。

① 廖克林：《国家权力、国家机关职权和公民权利刍议》，《贵州社会科学》2001 年第 6 期，第 43 ~46 页。

（三）立法层面

虽然我国现行立法已经间接性地昭示了不负举证责任的当事人以及当事人以外的第三人负有证据协力义务，但是对于违反证据协力义务的制裁措施的相关规定散见于法律法规和司法解释中，其规定的内容少之又少，并且分布得比较零散，缺乏系统性，仅存的规定也存在许多缺陷与不足，对当事人不能起到很好的威慑作用，从而导致诉讼中违反证据协力义务的情形较为普遍。法律欲科以证据协力义务，其规定应当具有明确性，使当事人能够了解其违反证据协力义务的法律后果。若不明确而具体地规定违反证据协力义务相应的法律后果，仅为训示性的规定，则不能令违反者负担不利的法律后果，法律也将形同虚设。

在《行政诉讼法》中，可被解释为违反证据协力义务应受制裁的规范有以下几条：

《行政诉讼法》第38条规定："在起诉被告不履行法定职责的案件中，原告应当提供其向被告提出申请的证据。但有下列情形之一的除外：（一）被告应当依职权主动履行法定职责的；（二）原告因正当理由不能提供证据的。在行政赔偿、补偿的案件中，原告应当对行政行为造成的损害提供证据。因被告的原因导致原告无法举证的，由被告承担举证责任。"该条规定可以理解为被告违反不为证明妨碍义务所应受到的制裁。对于行政赔偿案件，诉讼中原告应当对损害的事实提供证据，而对损害事实不负举证责任的被告则负有不为证明妨碍的义务，如果被告行政机关违反了该义务，则应承担举证责任转换的不利法律后果。但是本书认为，该条对于被告违反不为证明妨碍义务而直接采用举证责任转换的规定无法弹性地处理该种妨碍行为，并未区分被告实施证明妨碍行为时的可归责程度，对被告是故意还是过失不加区分地一律适用举证责任转换的制裁后果，难免会导致不公平情况的发生。因此，应当综合考虑被告的可归责程度，以及该证据在诉讼中的重要性，由此来确定相应的制裁措施。

《行政诉讼法》第59条规定："诉讼参与人或者其他人有下列行为之一的，人民法院可以根据情节轻重，予以训诫、责令具结悔过或者处一万元以下的罚款、十五日以下的拘留；构成犯罪的，依法追究刑事责任：（一）有义务协助调查、执行的人，对人民法院的协助调查决定、协助执行通知书，无故推拖、拒绝或者妨碍调查、执行的；（二）伪造、隐藏、毁灭证据或者提供虚假证明材料，妨碍人民法院审理案件的；（三）指使、贿买、胁迫他人作伪证或者威胁、阻止证人作证的；（四）隐藏、转移、变卖、毁损已被查封、扣押、冻结的财产的；（五）以欺骗、胁迫等非法手段使原告撤诉的；（六）以暴力、威胁或者其他方法阻碍人民法院工作人员执行职务，或者以哄闹、冲击法庭等方法扰乱人民法院工作秩序的；（七）对人民法院审判人员或者其他工作人员、诉讼参与人、协助调查和执行的人员恐吓、侮辱、诽谤、诬陷、殴打、围攻或者打击报复的。人民法院对有前款规定的行为之一的单位，可以对其主要负责人或直接责任人员依照前款规定予以罚款、拘留；构成犯罪的，依法追究刑事责任。"该条规定基本上可以理解为违反文书提交义务、勘验协力义务以及不为证明妨碍义务所应受到的制裁，具体包括训诫、责令具结悔过、罚款、拘留、构成犯罪的追究刑事责任这五种，但是却没有科以其裁判上的不利益。本书认为，这一制裁措施缺乏科学的考量和系统的分析，该条规定的不利后果与从事此种行为所获得的不当利益是不相匹配的。不负举证责任的当事人阻止证人作证或者毁灭伪造证据，是为了使负举证责任的当事人无法提供重要证据，从而来谋求自己在事实认定上的不正当的利益，是为了使对方当事人败诉。其有时宁愿承受此条所规定的不利后果，而换取可能获得的诉讼上的胜利。因此，该项规定用于抑制当事人违反证据协力义务的实际效果可能会大打折扣。

《行政诉讼法》第 58 条规定："经人民法院传票传唤，原告无正当理由拒不到庭，或者未经法庭许可中途退庭的，可以按照撤诉处理；被告无正当理由拒不到庭，或者未经法庭许可中途退庭的，可以缺席判决。"《行政诉讼法》第 66 条规定："人民法院在审理行政案件中，认为行政机关的主管人员、直接责任人员违法违纪的，应当将有关材料移送监察机关、该行政机关或者其上一级行政机关；认为有犯罪行为的，应当将有关材料移送公安、检察机关。人民法院对被告经传票传唤无正当理由拒不到庭，或者未经法庭许可中途退庭的，可以将被告拒不到庭或者中途退庭的情况予以公告，并可以向监察机关或者被告的上一级行政机关提出依法给予其主要负责人或者直接责任人员处分的司法建议。"该两条规定可以理解为对当事人不履行出庭义务的制裁，但是从对该后果的设置来看，无论是按撤诉处理或是按缺席判决处理，该处理均不是对作为证据方法的当事人不出庭而言，而是对作为诉讼主体的当事人不出庭所作的处理。因为作为证据方法的当事人履行出庭义务的目的在于接受法官的询问，并由此使得法官获取证据资料，而按撤诉处理或缺席判决处理的案件显然难以达到这一效果。《行政诉讼法》第 66 条虽然规定可以同时对拒不到庭或者中途退庭的被告以公告或者司法建议的方式促使其履行义务，但是其并不能强制被告履行到场义务，或者导致裁判上的不利益，其实效难以保障。

在《行政诉讼证据规定》中，可被解释为违反证据协力义务应受制裁的规范有以下几条：

《行政诉讼证据规定》第 69 条规定：“原告确有证据证明被告持有的证据对原告有利，被告无正当理由拒不提供的，可以推定原告的主张成立。”该条规定可以理解为被告不履行文书提交义务时所应受到的制裁。法院对于不履行文书提交义务的被告，并不能直接推定文书所应证明的事实为真实，科以裁判上的不利益仅在于拟制原告主张文书所记载的内容为真实。对于此种法院证据评价上的不利益，原告未参与证据证成过程，因此，对于存在证据偏在性诉讼而言，客观上并不能全面具体地知道文书所记载的内容，从而难以发挥其制裁的实效。

《行政诉讼证据规定》第 78 条规定，对应当协助调取证据的单位和个人，无正当理由拒不履行协助义务的，可以追究其法律责任。该条规定可以理解为对于不履行文书提交义务的第三人规定的法律后果。根据该条规定，无论是个人还是单位，法院均可采取制裁措施。对个人法院采取的制裁措施有训诫、责令具结悔过或者罚款、拘留、追究刑事责任；对单位负责人或直接责任人员的制裁措施有罚款、拘留、追究刑事责任。但是，该条规定的制裁措施，并不能直接强制不履行文书提交义务的第三人履行其义务。因文书提交义务乃是公法上的义务，所以法院并不能直接扣押该文书而强制占有该文书。

从上述现行立法关于违反证据协力义务的制裁措施的相关规定可以看出，有关内容少之又少，并且分布得比较零散，缺乏一定的系统性。仅存的规定也存在许多缺陷与不足，对义务人不能起到很好的威慑作用，从而导致诉讼中违反证据协力义务的情形较为普遍。

第三章　我国行政诉讼设立证据协力义务需明确的问题

为了解决司法实践中，尤其是存在证据偏在性的案件中，不负举证责任的当事人或当事人以外的第三人隐匿、拒绝提供证据，或者证人不出庭作证所造成的法院无法查明案件事实等问题，维护司法的公正与权威，有必要在对证据协力义务的相关理论研究、现有立法的规定、我国司法实践的探索等内容进行研究的基础上，具体分析证据协力义务在我国设立时必须明确的几个问题。

第一节　我国行政诉讼模式之下证据协力义务的设立

一、诉讼模式与证据协力义务的关系

行政诉讼中证据协力义务不是一个独立的概念，它是相对于

法院这个诉讼主体而存在的。而原告、被告和法院的法律地位和相互关系，会因为诉讼模式的不同而有所区别。众所周知，诉讼模式是对诉讼程序中法院审判权与当事人诉权配置关系的提炼与概括，是指诉讼程序的基本结构和诉讼的主要参与者在诉讼中的相互关系。① 各大法系基本由当事人主义和职权主义两种诉讼模式组成，这也是当前民事诉讼法与行政诉讼法学界比较认同的两种模式类型。② 诉讼模式的不同，决定了诉讼当事人和法院在行政诉讼中地位和作用的不同，以及权利义务分担与分配的不同。③ 在职权主义诉讼模式之下，法官可以通过提出新的事实主张积极地推进诉讼，法院的判决在一定程度上可以超越原告的诉讼请求，形成诉判不一致的裁判，如行政诉讼中的情况判决。而在当事人主义诉讼模式之下，所有诉讼主张完全取决于诉讼双方当事人，法院与法官相对中立和超脱，不得主动或积极主张。同时，在举证责任的分配上，职权主义诉讼模式下，法官对特定的事实负有积极收集证据的责任。例如，在日本，对于法院依职权探知的事实，法院有调查的义务，忽视此项义务的判决将被视为不充分的判决，可以成为上诉或再审的理由。当事人主义诉讼模式则要求当事人对所主张的事实负有提出证据的责任，否则就要承担不利或败诉的风险。

由此可见，诉讼模式的不同导致了法院在诉讼中地位和作用

① 林莉红：《论行政诉讼模式与举证责任原则的运用》，《法学评论》1995年第5期，第67~70页。

② 张卫平：《诉讼构架与程式：民事诉讼的法理分析》，清华大学出版社，2000，第8页。

③ 杨丽：《行政诉讼证明妨碍研究》，硕士学位论文，中国政法大学，2011。

的差异，以及原被告之间权利义务的不同。在英美法系国家，由于不强调公私法的划分，行政案件的处理基本适用普通民事诉讼的规则，因而与民事诉讼一样适用当事人主义。在当事人主义之下，启动诉讼、推进诉讼的动力均来自当事人，证明责任也基本由当事人承担，法院与法官相对中立和超脱，因而诉讼当事人充当着积极而主动的角色，在此种模式之下，探讨证据协力义务，显然是多余且无意义的。而在大陆法系国家，如德国以及“二战”前的日本，强调公私法的区别和行政案件的特殊性，认为行政案件具有民事案件所不具有的特殊性，即涉及公共利益。因为虽然案件是由具体的当事人提起，而当事人提起诉讼通常也是为了其自身的利益，且实质上都涉及公权力的行使和公民权利的保障问题，而这都属于公法上的问题。① 同时，当事人主义的正常进行必须以双方当事人的诉讼能力对等为前提，但行政案件的特性打破了这种均衡，使得诉讼当事人，特别是作为原告一方主张权利并提供证据证明的能力受到限制。因此，对基于公权力而产生的纠纷，法院应积极主动地依职权进行证据调查，以保护公共利益和公民的合法权益。可见，行政案件本身所具有的公共性、行政关系中双方主体的不对等性、掌握案件资料的不对称性，以及实现行政关系中实质平等的需要，是大陆法系国家行政诉讼采用职权主义的基本依据和理由。证据协力义务的概念，一方面，相对于职权主义的诉讼模式，即相对于诉讼中占主导地位的法院的职权而存在，法院对特定的案件事实负有积极收集证据的责

① 吉雅：《2005 年海峡两岸行政法学学术研讨会综述》，《行政法学研究》2005 年第 4 期，第 129～135 页。

任，在诉讼中占据主动地位并发挥主导作用；另一方面，强调了当事人在诉讼中的参与和作用，即积极提供证据证明，以协助法院查明案件事实、实现职能方面的责任和义务。

二、我国行政诉讼模式的选择与证据协力义务的设立

职权主义的诉讼模式是证据协力义务存在的前提。但我国行政诉讼到底属于哪种诉讼模式，目前学术界的看法还不完全一致。有些学者认为，因为《行政诉讼法》规定的是由被告承担举证责任，强调当事人在诉讼中的作用，因而属于当事人主义的诉讼模式。[①] 但大多数学者认为，现行法律虽然在一些具体制度设计上汲取了当事人主义的一些合理成分，但从行政诉讼的价值目标和构造模式上看，还是以职权主义为基础的，法律赋予法院调查取证权和全面审查权，带有明显的职权主义特征。[②]

然而，《行政诉讼法》在实际运行中的一系列问题导致了人们对职权主义诉讼模式的质疑。在行政诉讼的司法实践中，有的法官的角色定位不准，活动过于积极，导致法官与当事人的责任模糊，有时甚至出现法院帮助、代替行政机关举证，与行政机关一起审原告的现象；同时，有的法官庭外活动过多，庭前调查取证及进行实体审查大量存在，庭审职能淡化，[③] 法庭的举证质证

---

① 杨丽：《行政诉讼证明妨碍研究》，硕士学位论文，中国政法大学，2011。

② 田宇红：《论行政诉讼举证责任之分配与转移》，硕士学位论文，中国政法大学，2006。

③ 吉雅：《2005 年海峡两岸行政法学学术研讨会综述》，《行政法学研究》2005 年第 4 期，第 129 ~ 135 页。

程序失去其效用。这些问题最终导致了部分的行政案件无法得到公正有效地处理，公民提起行政诉讼的积极性受挫，《行政诉讼法》的实施效果偏离立法初衷。据此，一些学者和法官希望参考民事诉讼领域进行当事人主义的改革，彻底转换我国行政诉讼模式。[①]

2014年修正的《行政诉讼法》保留了法院在程序开始、推进、终结方面的职权，并保留了“以事实为根据、以法律为准绳”的诉讼原则。这些都是职权主义色彩的体现。程序方面的职权色彩体现在：对原告变更诉讼请求的限制、对撤销的限制、依职权决定裁判方式、依职权追加第三人、依职权确定诉讼代表人等；事实探求权方面的职权色彩体现在：依职权调查取证、依职权告知当事人补正、依职权采取证据保全措施、对被告在诉讼中证据调查进行限制等。[②] 其实，无论是当事人主义的诉讼模式，抑或职权主义诉讼模式，都各有其长也各有其短，如何取舍，关键还是要根据一国的国情和在此基础上确立的诉讼价值目标。本书认为，职权主义的诉讼模式在我国具有深远的历史渊源和思想基础，自清末以来，我国法律制度深受大陆法系的影响，与大陆法系形成了极为密切的多重联系。更为重要的是，职权主义切合了中国注重公权力行使的传统和对过于突出的行政权力进行法律控制的现实需要，有利于控制行政权的滥用，能更加有效保护相对人的合法权益。在我国，行政机关拥有强大的行政权，掌握着

① 田宇红：《论行政诉讼举证责任之分配与转移》，硕士学位论文，中国政法大学，2006。

② 刘欣琦：《行政诉讼释明制度研究》，博士学位论文，武汉大学，2016。

大量公共资源和法律资源，这些优势使行政机关很容易在行政诉讼中占据有利地位，使行政相对人处于劣势地位，如果采用当事人主义，一味强调当事人对诉讼主张提供证明的责任，将会使相对人处于更加不利的局面，而职权主义诉讼模式可以有效平衡这种倾斜的权力关系，对弱势一方提供司法上的帮助和救济。因此，为维护公共利益和公民、法人的合法权益，我国行政诉讼应采取职权主义的诉讼模式。

确认行政诉讼职权主义的诉讼模式，首先必须在立法宗旨和价值目标上确立法院在行政诉讼中维护公共利益、保护公民合法权益的职能和作用。在具体制度设计上也必须明确以下几点：一是必须规定法院在整个诉讼中的主导地位和作用，为达到行政诉讼的目的而积极履行审判职能、组织职能和调查职能；二是必须明确法院对行政行为的合法性的审查，不以原告所主张的事实为限，可以从行政行为合法性的要件出发进行全面审查；① 三是必须规定法院对于有助于查明被诉行政行为违法的证据，有权要求当事人提供和补充证据，也可以依职权进行积极全面地调查。

与此同时，应当注意克服职权主义的弊端，明确其合理的界限，并结合中国的实际加以修正和限制。实践证明，职权主义有利于保障作为弱者的原告能够与被告行政机关形成有效的对抗，但完全的职权主义也有其弊端。在典型的职权探知主义之下，法院对于判断行政行为合法的所有事实和证据，无论是对原告有利

---

① 田宇红：《论行政诉讼举证责任之分配与转移》，硕士学位论文，中国政法大学，2006。

还是对被告有利，都应当进行调查。而且，法院还可以依职权对被诉行政行为的理由进行更改和替换，其结果，就会为行政行为合法性提供事实和证据的支持，使相对人处于更加不利的地位。因此，从中国国情出发，职权主义应限制在一定的范围内，明确行政诉讼中职权探知主义的单方性，即法院调查的事实和证据只能用于证明行政行为的违法性，而不能用于证明行政行为的合法性，[①] 所以法院要求当事人及当事人以外的第三人履行证据协力义务时，其所提供的证据不可以用来证明行政行为的合法性，以克服职权主义不能达到的全面有效控制行政行为的弊端。

在职权主义诉讼模式注重法院作用的基础上，也应吸收当事人主义的合理成分，充分调动诉讼当事人的积极性，强化诉讼当事人在诉讼中的作用和证据协力义务。在行政诉讼中，被告作为公权力的行使者，对其行政行为的合法性应当承担举证责任，同时，原告对于自己掌握的情况和部分主张，也应具有证据协力义务。事实上，原告具有履行证据协力义务的主客观条件。首先，从主观条件来看，当事人在诉讼中为达到胜诉的目的，力图提出对自己有利的事实依据，用以支持自己的诉讼请求和反驳对方的主张，因此，原告有履行证据协力义务的内在要求。其次，就客观条件来说，原告作为争议的行政实体法律关系的主体一方，不但最为了解有关案件的法律事实，而且常常是诉讼证据特别是原始证据和直接证据的占有者，[②] 有履行证据协力

① 王彦：《行政诉讼原告举证责任的立法完善》，《法律适用》2006 年第 8 期，第 23 ~ 26 页。

② 吴兰馨：《行政诉讼举证责任若干问题研究》，硕士学位论文，湘潭大学，2003。

义务的客观可能。最后，出于效率和公平的考虑，依据具体情况来确定当事人提供证据的协力义务，更有利于查明案件的真实情况，实现司法的正义与公平。

综上所述，职权主义的诉讼模式是证据协力义务存在的前提，证据协力义务是在确认法院职权地位的同时，强调当事人在诉讼中的参与和作用，是在提供证据和证明，协助法院查明案件事实、实现其职能方面的义务。同时，我们应当看到，一方面，协力义务的概念只相对于职权主义的诉讼模式，即相对于在诉讼中占主导地位的法院职权而存在；另一方面，证据协力义务体现了现代国家的职权主义吸收当事人主义的合理成分，强调当事人在诉讼中的积极作用，也即为法院查明案件事实、夯实证据、实现其维护公益和公民权利的职能提供各种支援、合作和协助的义务。其是两者的相互融合，以及通过这种融合达到人们所希望的法院和当事人、公权力和私权利之间的和谐与平衡。

第二节　行政诉讼特殊的主体构造下在我国设立证据协力义务的思路

一、行政诉讼当事人的特殊性

行政诉讼主要是为了解决行政管理过程中，行政机关及其工作人员与公民、法人和其他组织之间的纠纷。这决定了行政诉讼中当事人的特定性。具体而言，被告恒为代表国家公权力的行政机关，而原告则恒为认为该具体行政行为侵害其合法权益的行政管理相对人（包括公民、法人、其他组织等），并且两者的诉讼地位不可以互换，即行政管理的相对人不可以成为被告，而实施行政行为的行政机关也不可以作为原告而提起行政诉讼。这种诉讼当事人主体构造的特殊性，也就决定了在行政诉讼中双方诉讼能力的不对等性。具体而言，在我国行政诉讼中，由于残存官本位思想，诉讼中作为原告的行政相对人和作为被告的行政机关之间地位不平等突出。行政机关拥有强大的行政权力，而对于处于弱势地位的原告而言，其显然不具有平等对抗的能力，所以在行政诉讼中，原被告实际上处于一种非完全可对抗的地位。[①] 而这种非完全可对抗的地位，在诉讼中很难通过其个人努力来达到真正意义上的公平对抗，因此，针对行政诉讼特殊的主体构造必须通过相关制度设计来保障当事人的诉讼平等。

二、行政诉讼特殊的主体构造下各方的证据协力义务

诉讼的基本运作模式应当是当事人双方平等对抗，法官居中裁判，而实现诉讼良性且公正运行需要一个前提，即双方当事人手中所掌握的“武器”必须是平等的。[②] 依据武器平等原则，任何人，包括诉讼当事人在内，应平等地适用诉讼制度的权利与机会，且平等原则的贯彻，不仅是形式上的保障，同时应设法为有

① 黄学贤：《行政诉讼原告资格若干问题探讨》，《法学》2006 年第 8 期，第 3～11 页。

② 田宇红：《论行政诉讼举证责任之分配与转移》，硕士学位论文，中国政法大学，2006。

意主张权利而有障碍的人排除障碍，而为平等原则提供实质保护。即双方当事人于正式的开庭审理程序中能依各自的诉讼资料平等且充分地展开攻击和防御。然而现实中，特别是在行政诉讼中，通常行政相对人与行政机关的地位不平等，作为原告的行政相对人自始未配备与行政机关同等的武器。[①] 因此，在设置证据协力义务时应充分考虑行政诉讼当事人主体构造的这种特殊性，使得证据协力义务能够真正发挥其平衡各方诉讼能力的作用，实现司法的实质公正，具体而言：

首先，作为原告的行政相对人，具有履行证据协力义务的主客观条件。从主观条件来看，当事人在诉讼中为达到胜诉的目的，力图提出对自己有利的事实依据，用以支持自己的诉讼请求和反驳对方的主张，因此，原告有履行证据协力义务的内在需求。就客观条件来说，原告作为争议的行政实体法律关系的主体一方，不但最为了解有关案件的法律事实，而且常常是诉讼证据，特别是原始证据和直接证据的占有者，有履行证据协力义务的客观可能性，所以原告也应当承担证据协力义务。但不可否认的是，作为原告的行政相对人由于欠缺行政和法律方面的专业知识，同时对事实和证据的掌握远远不如行政机关。[②] 基于此，在设置原被告证据协力义务时若同等对待则有违公平，那么在规定原告的证据协力义务时应限制在一定的范围内，其承担证据协力

① 钱颖萍：《论大陆法系证据调查及其对我国的启示——以当事人的权利保障为中心》，《河北法学》2012 年第 5 期，第 162 ~ 169 页。

② 费宗祎、江必新：《建立我国行政诉讼制度的若干问题》，《现代法学》1987 年第 4 期，第 3 ~ 9 页。

义务的范围应窄于行政机关。也就是说，在行政诉讼中，行政管理相对人履行证据协力义务所提供的证据应当具有单方性，即要求其提供的事实和证据只能用于证明行政行为的违法性，而不能用于证明行政行为的合法性。如果一味要求原告提供证据，甚至提供证明被告行政行为合法的证据，显然会使本身就处于劣势地位的原告处于更加不利的地位，不利于公民权利的保护和实现司法的公平正义。

其次，作为被告的行政机关，为公权力的行使者，拥有强大的行政权力，无论是在资源或是信息方面都比行政相对人更具有优势，其掌握和持有行政程序中所形成的各种文件与事实证据。同时，由于行政诉讼存在其特殊性，其证据制度的特点是案卷主义。在诉讼前存在行政程序，“先取证、后裁决”是行政机关行政执法中的一项基本原则，行政机关行为的证据在作出行政行为前应当充分收集，并且只有在案卷中的证据才是行政行为的依据。因此，行政机关履行证据协力义务的范围应宽于作为原告的行政相对人，法院既可以要求其提供有利于己的证据资料，也可以要求其提供有利于原告的证据资料。

再其次，作为审判机关的法院，在职权主义诉讼模式之下，始终居于诉讼中心地位，法官在诉讼中负责对各方提出的证据以及据此进行的论证作出判断，当事人以法官的“指挥权”为导向，与法官进行交流。法官可以通过提出的新的事实积极地推进诉讼，对特定的事实负有积极调查的职责。法官作出任何诉讼的裁判，必须依据正确的事实和该事实所依附的正确的法律。但是行政审判实践中，由于行政案件种类的多元化与复杂化，从事行政审判的法官若只靠本身的力量，及时迅速地掌握案件的事实并以此作出公正、正确的裁决常常是存在困难的，因而在法院调查案件证据的过程中，如果各方当事人积极配合，提供自己所持有的证据资料于法院，可以极大地减少法院调查案件事实证据所需花费的时间、精力以及不必要的费用，从而便于法院及时查清案件事实，提高诉讼效率。[①] 在行政诉讼特殊的主体构造下，法院于证据资料的收集和调查过程中，考虑到双方当事人诉讼能力和证据资料的掌握情况的不同，要求当事人履行证据协力义务也应当有所区别，以平衡各方的诉讼能力，实现实质的平等。[②] 具体而言，通过法官释明权制度的设置赋予法官一定的释明权，使双方当事人能够了解其证据协力义务的内容，并且使法官能够根据当事人的具体情况作出平衡，使原被告双方处于或者至少在可能的情况下处于一种能够相抗衡的状态。尤其是对于原告，其常常由于法律知识所限并不知晓其负有证据协力义务，而未能及时提供证据，或者不知道该提供怎样的证据，又或者以为自己已经提供了充足的证据而实际上证据并不充分，而最终导致其承担违反证据协力义务的不利后果，这实在有违实质正义。因此，在原告未履行证据协力义务提交相关证据以及提供证据不当时，法官通过行使释明权，启发原告应当履行其证据协力义务，提供相关证据以及补足不充分的证据，以便在此基础上作出公正的裁判，实

---

① 徐显明：《何谓司法公正》，《文史哲》1999 年第 6 期，第 87 ~ 96 页。

② 宋炉安：《司法最终权——行政诉讼引发的思考》，《行政法学研究》1999 年第 4 期，第 48 ~ 56 页。

现当事人的合法权益。①

最后，对于当事人以外的第三人而言，虽然法律规定其负有履行证据协力的义务，但是其毕竟不是诉讼当事人，与诉讼结果并无直接的利害关系，若因为履行证据协力义务而致使其受到人身或财产上的损失，对其来说难免有违公平，所以为了保护诉讼当事人以外第三人的合法权益，应当赋予该第三人一定情形下的拒绝权，以保护其更值得保护或至少需要同等保护的权益。例如，证人享有拒绝证言权，鉴定人享有拒绝鉴定权，第三人享有拒绝提交文书及勘验标的物的权利。

第三节　我国行政诉讼设立证据协力义务的路径选择

在我国行政诉讼中设立证据协力义务可供选择的具体路径有两条：一是在行政诉讼立法中明文规定证据协力义务；二是并不明确规定证据协力义务，而是确立解释学上的证据协力义务。在笔者看来，第一条路径更适合我国国情，即在行政诉讼立法中明文规定证据协力义务。

首先，作为适用于所有法律领域的普遍性原则——诚实信用原则在《行政诉讼法》中虽然没有直接明确地规定，但是在理论上，其作为基本原则的地位已经相对稳定，自然也适用于行政

① 田宇红：《论行政诉讼举证责任之分配与转移》，硕士学位论文，中国政法大学，2006。

诉讼。但是诚实信用原则属于基本原则，内容笼统与宽泛，所以导致其适用性较弱，而证据协力义务是诚实信用原则的具体化规则，如果仅有原则性的规定，没有具体可操作性的规定会影响证据协力义务的履行。

其次，我国的现行立法中已包含证据协力义务的相关内容，虽然现有的规定多为间接性的规定，而且分布得比较零散。但是，从另一个角度来讲，至少在我国行政诉讼的相关立法中已经存在证据协力义务的表现形式和间接规定。因此，应在此基础上对现有的法律条文进行完善与修改，建立起符合我国基本国情的证据协力义务。

最后，若采用第二条路径，在行政诉讼立法中不明文规定证据协力义务，在对诚实信用原则进行规定的基础上不再规定证据协力义务，仅要求诉讼中的当事人应遵守诚实信用原则，并在此基础上依靠解释论来引导《行政诉讼法》上证据协力义务的内容，则必须建立起配套的当事人对抗程序来予以保障，才不至于使该原则沦为摆设或虚置。但就目前我国的国情而言，现阶段要建立起与诚实信用原则相应的制度更为困难，所以我国证据协力义务的路径选择第二条在现实上不具有可行性。

综上所述，在行政诉讼立法中明文规定证据协力义务这一路径更符合我国现阶段的国情，并且应对证据协力义务的具体内容、违反义务的制裁措施等都进行明确规定，以增强规则的可适用性。

第四章　行政诉讼证据协力义务在我国的具体构建

第一节　行政诉讼证据协力义务的立法体例与内容设置

理清了行政诉讼证据协力义务在我国设立的思路后，本书将对其进行具体构建。囿于我国学界对证据协力义务研究可谓凤毛麟角，缺少必要的理论与司法沉淀，本书在此仅抛砖引玉，对设立我国行政诉讼证据协力义务的具体构建提出浅薄见识，以期能够引起理论界与实务界对该问题的重视。本章将从行政诉讼证据协力义务的立法体例与内容设置、违反证据协力义务的认定规则与法律后果，以及其具体适用与保障机制方面对证据协力义务进行深入研究，以期该项义务能够在我国行政诉讼中得到落实。

一、行政诉讼证据协力义务的立法体例

立法体例，指法律对所涉及的内容、体系、结构的编辑、布

局与规定。[①] 本节探讨行政诉讼证据协力义务的立法体例，就是探讨在我国《行政诉讼法》中如何对证据协力义务进行具体化的结构编排。

本书认为，行政诉讼中设置证据协力义务的立法体例应采取一般规定与具体规定相结合的方式。主要原因在于：第一，我国法律内容的设置一般都采取该种方式，这种立法体例已经成为我国立法惯用的方式，所以对行政诉讼中证据协力义务立法体例的设置也不例外。至于该种立法体例的设置是否科学，还有待具体地探讨，但至少我国现阶段已熟悉该种立法体例，并且在司法实务中法官也已习惯适用该种立法体例，该方式对于法官而言更易理解与接受，同时也有利于法律适用的稳定性。第二，我国目前仍处于转型期，随着社会的不断发展，涌现出了许多新型案件，出现各种法律问题，其中当然涵盖违背证据协力义务的情形。如果在立法中不对证据协力义务作出一般性的规定，只是具体规定证据协力义务的内容，那么就无法把所有情形都囊括，必然会造成法律的漏洞。因此，应当首先对行政诉讼中的证据协力义务进行一般性的规定，从而更好地为法官应对多变的审判活动提供指导，解决新涌现的多种法律问题，保障其裁判的正确性与公正性。第三，由于目前我国公民的法律意识和法官的整体素质均有待提高，因而在立法中对证据协力义务的设置采用结合具体规定的方式有助于诉讼当事人了解其具体的诉讼权利义务，也有利于法官对该义务的具体适用，以保证诉讼的顺利进行。

① 廖中洪主编《民事诉讼立法体例及法典编纂比较研究》，中国检察出版社，2010，第2页。

具体来说，证据协力义务是诚实信用原则的具体化规则，也是其下位概念。因此，应当在《行政诉讼法》总则部分，增加一条，明确规定行政诉讼应当遵循诚实信用原则，同时在该原则之下对证据协力义务作出一般性的规定。对证据协力义务的具体规定，可以在《行政诉讼法》中通过证据协力义务的证据性规范和违反证据协力义务的效果性规范来设置。

证据协力义务的证据性规范，主要是从证据方法方面来具体规定证据协力义务。证据协力义务主要是以证据方法作为其设立的基础，应当在《行政诉讼法》第五章针对每种证据方法具体规定证据协力义务的相关内容。

违反证据协力义务的效果性规范，主要从不利法律后果方面针对违反证据协力义务的行为作出制裁性的规定，该规范内容根据不同的证据方法会有不同的制裁措施，所以应当在《行政诉讼法》第五章针对每种证据方法所应履行的证据协力义务具体规定之后，对违反其义务的制裁措施也同时作出明确的规定。

二、行政诉讼证据协力义务的内容设置

在行政诉讼证据协力义务的立法体例确立之后，本节将开始对该义务的具体内容进行探讨。

（一）行政诉讼证据协力义务的主体

行政诉讼证据协力义务的主体为不负举证责任的当事人以及当事人以外的第三人。在行政诉讼的法院证据调查阶段，如果查明案件所必需的证据存在于承担举证责任一方当事人手里，法院对其进行调查时往往较易取得，但是有时会存在一种情形，即负

有举证责任一方当事人由于客观原因发生不可归责的举证困难，而查明案件所必需的证据存在于不负举证责任的当事人或者当事人以外的第三人手中，此时需要其协助才可取得，那么此时若仅根据举证责任分配规则，就会使负有举证责任一方当事人因为客观原因造成的举证困难而承担不利的诉讼后果，则有不公平之嫌。因此，为了弥补此类诉讼中负有举证责任一方当事人处于劣势的证据收集能力和手段，实现双方当事人在诉讼中真正的平等，应当通过法律科以该不负举证责任的当事人或当事人以外的第三人将持有的证据提交法院的义务，如果其不履行该义务，法院将会科以其不利的法律后果。因此，证据协力义务的主体是不负举证责任的当事人以及当事人以外的第三人，而不是负举证责任的当事人。负举证责任的当事人向法院提供证据的行为受到举证责任原则的调整，并且，承担举证责任的当事人是否向法院提供证据主要取决于自己的意愿，即使不提供，法院也不能强制其提供，只是可能当案件真伪不明时，依举证责任原则，其要承担败诉的风险。而要求不负举证责任的当事人或当事人以外的第三人积极提供证据属于履行证据协力义务的内容，如果其不履行该义务，法院将采取相应的制裁措施，强制其提出与案件有关的证据。

同时，需要明确的是，行政诉讼证据协力义务的相对方为代表国家行使司法审判权的法院，证据协力义务主要是对法院审判活动的协助，即使有时间接表现为对对方当事人的协助，但其实质上还是针对法院发现案件事实、作出公正审判的协助。行政诉讼证据协力义务的履行，不仅为法院调查事实提供了方向和进一步认识的可能性，还扩大了法院行使职权调查的范围。

（二）行政诉讼证据协力义务的具体内容

《行政诉讼法》第33条规定："证据包括：（一）书证；（二）物证；（三）视听资料；（四）电子数据；（五）证人证言；（六）当事人的陈述；（七）鉴定意见；（八）勘验笔录、现场笔录。"相较于德国、日本等大陆法系国家关于证据类型的规定，《行政诉讼法》规定的证据种类更加宽泛。德国、日本等大陆法系国家的民事诉讼立法中，并未对勘验和物证进行区分。根据《民事诉讼法》的规定，物证是指证据调查过程中呈现的可转移占有之物或该物本身，而勘验则指证据调查中不能转移占有之物或者现场。事实上，物证专指勘验对象本身，而勘验所强调的是司法人员调查过程中对勘验对象基于五官的感知，前者是在证据调查对象这一层面使用，后者是在证据调查方式这一层面使用，两者为同一证据的两个方面。因此，无须将物证提交义务与勘验协力义务分离开来。

此外，我国现行《民事诉讼法》虽将视听资料、电子数据作为独立的证据方法，但是由于法官关于视听资料、电子数据之调查在本质上与书证、物证之证据调查都是采用阅览或者五官感知的方式，并不能独立存在，故法律上将其作为独立之证据既缺乏正当性，也完全无此必要。[①] 它们仅仅是借助于一些"高科

① 就视听资料而言，在德国其属于勘验标的物的一种，适用勘验的证据调查规则；在日本对其准用书证之规范。就电子数据而言，《德国民事诉讼法》第732条规定电子数据属勘验标的物之一种；《日本民事诉讼法》第213条规定电子数据准用书证之规范。

技”手段体现出来而已，其载体只能是物，如计算机，因此它们也只能是物证而非其他。

法官对于现场笔录的调查有阅读和勘验两种方式。从人证和当事人询问的角度来看，现场笔录中所记录的行政执法人员对现场情况的感知和当事人在案件现场的陈述，都不能作为审判意义上的证据而予以使用，其顶多起到固定和保存证据的作用，而证据的固定方式并不能改变其原本的证据属性，法官若要从行政执法人员和当事人处获得关于案件事实的相关情况，必须当庭听取他们的陈述或对他们进行询问。由此可见，现场笔录仅是一种证据调查方式，因此，在行政诉讼中，它不应成为独立的证据形式。现场笔录更多的是以书证的方式加以体现，有时现场笔录也具有证人证言的特征，例如，行政执法工作人员在执法的过程中对自己的所见所闻的记录，环保部门的工作人员在对工厂进行检查的过程中对污染气体、气味以及声音所做的实时记录。

《行政诉讼法》规定了八种证据，那么相应地，从立法理论上来说也应当存在八种证据协力义务类型。但是，依上文所述，视听资料提交义务、电子数据提交义务、物证提交义务以及现场笔录提交义务均不能从勘验协力义务和书证协力义务中单列出来。因此，证据协力义务类型，从比较研究角度看，只能包括由大陆法系国家民事诉讼立法通例中规定的证人义务、文书提交义务、勘验协力义务、当事人受询问义务、鉴定义务形态。而就当事人而言，证据协力义务还包括不为证明妨碍行为义务。[①]

① 占善刚：《证据协力义务之比较法研究》，中国社会科学出版社，2009，第18页。

1. 不负举证责任的当事人的证据协力义务

（1）文书提交义务。书证是以文书记载的内容或者其意义作为证据的材料。文书提交义务是指诉讼中不负举证责任的当事人将所持有的文书提交法院进行证据调查的义务。

我国行政诉讼立法对文书提交义务作了如下规定：《行政诉讼法》第39条规定："人民法院有权要求当事人提供或者补充证据。"该法第40条规定："人民法院有权向有关行政机关以及其他组织、公民调取证据。但是，不得为证明行政行为的合法性调取被告作出行政行为时未收集的证据。"从这两条规定可以推定，《行政诉讼法》已经一般性地昭示当事人负有书证和物证提交的证据协力义务。该法第41条规定："与本案有关的下列证据，原告或第三人不能自行收集的，可以申请人民法院调取：（一）由国家机关保存而须由人民法院调取的证据；（二）涉及国家秘密、商业秘密和个人隐私的证据；（三）确因客观原因不能自行收集的其他证据。"从该条规定可以推导出，不负举证责任的当事人所持有的文书，只要是举证人用来作为证据而使用，不管其是否属于国家秘密、商业秘密或者个人隐私等隐匿利益；同时在客观上举证人无法自行收集时，文书的持有人即负有将该文书作为证据提交法院的义务。立法这样规定，可以最大限度地使法院收集更多有关案情的事实证据，并以此作为裁判的依据。

《行政诉讼法》对当事人应负一般性的文书提交义务虽然作了间接性的规定，但是并未对当事人不履行文书提交义务的后果作出相应的规定，相关规范仅具有训示意义。因此，应当在《行政诉讼法》第39条后增加一款："当事人无正当理由拒绝提供证据的，人民法院可以认定对方当事人关于该证据的主张或依该证据所应证明的事实为真实。”

（2）勘验协力义务。勘验是法院法官在诉讼中，对某种特定物、场所或人，就其存在、状态等，用其五官作用的五感（即视觉、听觉、嗅觉、味觉、触觉），而为认识查验以取得证据资料的证据调查形式。勘验协力义务是指不负举证责任的当事人以及当事人以外的第三人所负有的将自己所持有的勘验标的物提交法院或者忍受法院进行勘验的义务。具体包括勘验标的物提交义务与勘验容忍义务。

勘验与书证因为在性质上均属于物的证据，只是在具体证据的调查方法上有所区别。勘验是法官用其五官作用的五感（即视觉、听觉、嗅觉、味觉、触觉），而为认识查验以取得证据资料；而书证是法官阅读文书上所记载的意思或思想，并以该内容作为证据资料。因此，在诉讼立法中对于勘验，除有特别的规定外，多准用书证的规范。

（3）当事人受询问义务。当事人受询问是以作为诉讼纷争主体的当事人本人所陈述的案件事实为证据资料的证据调查形式。当事人受询问义务是指诉讼当事人本人或其法定代理人所负有的经由法院询问陈述案件事实经过的义务，具体包括到场义务、宣誓义务、陈述义务。

《行政诉讼法》第58条规定：“经人民法院传票传唤，原告无正当理由拒不到庭，或者未经法庭许可中途退庭的，可以按照撤诉处理；被告无正当理由拒不到庭，或者未经法庭许可中途退庭的，可以缺席判决。”该条虽然明确规定了当事人不履行出庭义务的后果，但是该后果无论是按撤诉处理或是按缺席判决处理，均不是对作为证据的当事人不出庭而言，而是对作为诉讼主体的当事人不出庭而言。因为作为证据的当事人履行出庭义务的目的在于接受法官的询问，并由此使得法官获取证据资料，而按撤诉处理与缺席判决处理显然均难以达到这一效果。因此，建议将《行政诉讼法》第 58 条修改为："经人民法院传票传唤，当事人无正当理由不出庭的，法院可以认定对方当事人所主张的有关询问事项为真实。"

我国现行立法并未明确当事人履行陈述义务的方式，同时对当事人违反陈述义务，即无正当理由拒绝陈述时，对其所应遭受的后果也没有明确的规定。因此，建议在《行政诉讼法》第 58 条规定之后增加一款："人民法院根据申请或依职权，于必要时可要求当事人本人陈述。当事人无正当理由拒绝陈述时，人民法院可以认定对方当事人所主张的有关陈述事项为真实。"

我国现行立法对当事人在询问中的宣誓义务没有作出规定，为了保证当事人受询问时所作陈述的真实，有必要设置当事人的宣誓义务。因此，建议在第 58 条后再增加一款："人民法院在要求当事人本人陈述前，当事人应进行宣誓，但未满十六周岁或者有精神疾病而不理解宣誓意义及其效果的除外。在当事人宣誓前，人民法院应告知宣誓义务及作伪证的处罚。当事人无正当理由拒绝履行宣誓义务的，人民法院可以酌情准用第 58 条第 2 款进行处罚。"

（4）不为证明妨碍行为义务。不为证明妨碍义务即不负举证责任的当事人，不得基于故意或者过失，妨碍负有举证责任的当事人举证，使其对于要证事实的证明陷于不能的状态。[1]《行政诉讼法》并未确立真正意义上的证明妨碍制度，没有关于证明妨碍的构成要件及其有关表现形式的具体规定。

《行政诉讼法》第59条规定："诉讼参与人或者其他人有下列行为之一的，人民法院可以根据情节轻重，予以训诫、责令具结悔过或者处一万元以下的罚款、十五日以下的拘留；构成犯罪的，依法追究刑事责任：（一）有义务协助调查、执行的人，对人民法院的协助调查决定、协助执行通知书，无故推拖、拒绝或者妨碍调查、执行的；（二）伪造、隐藏、毁灭证据或者提供虚假证明材料，妨碍人民法院审理案件的；（三）指使、贿买、胁迫他人作伪证或者威胁、阻止证人作证的；（四）隐藏、转移、变卖、毁损已被查封、扣押、冻结的财产的；（五）以欺骗、胁迫等非法手段使原告撤诉的；（六）以暴力、威胁或者其他方法阻碍人民法院工作人员执行职务，或者以哄闹、冲击法庭等方法扰乱人民法院工作秩序的；（七）对人民法院审判人员或者其他工作人员、诉讼参与人、协助调查和执行的人员恐吓、侮辱、诽谤、诬陷、殴打、围攻或者打击报复的。人民法院对有前款规定的行为之一的单位，可以对其主要负责人或者直接责任人员依照前款规定予以罚款、拘留；构成犯罪的，依法追究刑事责任。罚款、拘留须经人民法院院长批准。当事人不服的，可以向上一级人民法院申请复议一次。复议期间不停止执行。"通过该条规定可以知道，在我国行政诉讼中，如果不负举证责任的当事人实

① 杨丽：《行政诉讼证明妨碍研究》，硕士学位论文，中国政法大学，2011。

施证明妨碍行为将受到的制裁措施包括训诫、责令具结悔过、罚款、拘留、构成犯罪的追究刑事责任这五种，而没有科以其裁判上的不利益。不负举证责任的当事人阻止证人作证或者毁灭、伪造证据，是为了使负举证责任的当事人无法提供重要证据，从而谋求自己在事实认定上的不正当利益，是为了使对方当事人败诉。所以其有时宁愿承受此条规定的不利后果，来换取诉讼上的胜利。因此，建议在《行政诉讼法》第 39 条增加一款："当事人因妨碍他人使用，故意将证据灭失、隐匿或者致使他人难以使用的，人民法院可酌情认定对方当事人关于该证据的主张或依该证据所应证明的事实为真实。前项情形，于裁判前应令当事人有辩论的机会。"

2. 当事人以外的第三人的证据协力义务

（1）文书提交义务。文书提交义务是指诉讼中当事人以外的第三人将所持有的文书提交法院进行证据调查的义务。[①]《行政诉讼法》第 40 条规定："人民法院有权向有关行政机关以及其他组织、公民调取证据。但是，不得为证明行政行为合法性调取被告作出行政行为时未收集的证据。"通过上述规定可以推定，《行政诉讼法》已经一般性地昭示当事人以外的第三人也负有书证和物证提交的证据协力义务。该法第 41 条规定："与本案有关的下列证据，原告或第三人不能自行收集的，可以申请人民法院调取：（一）由国家机关保存而须由人民法院调取的证据；（二）涉及国家秘密、商业秘密和个人隐私的证据；（三）确因

① 闫方超：《论民事诉讼中的文书提出义务》，硕士学位论文，中国政法大学，2011。

客观原因不能自行收集的其他证据。”该条昭示了不负举证责任的当事人所持有的文书可以用作证据时，不管其是否属于国家秘密、商业秘密或者个人隐私等隐匿利益，同时在客观上举证人无法自行收集时，文书的持有人即负有将该文书作为证据提交法院的义务。虽然立法这样规定，可以最大限度地使法院收集到更多有关案情的事实证据，并以此作出裁判，但是在第三人持有文书的情形下，由于该第三人并非案件的纷争主体，与案件的裁判结果并不具有直接的利益关系，履行文书提交义务虽然是其应负担的法定义务，但是如果因此损害了其合法的秘匿利益以及其他值得保护的利益，则对其来说是极其不公平的，所以在设置第三人文书提交义务时，应当与案件的当事人不同，赋予第三人一定的拒绝权，以平衡其义务的履行与合法权益的保护。具体而言，应在《行政诉讼法》第40条后增加一款，即有下列情形之一的，当事人以外的第三人可拒绝提交文书：（一）涉及个人隐私、商业秘密或者国家秘密的；（二）证据专为自己使用而作成的；（三）证据涉及证言拒绝权事项的。①

同时，应当对当事人以外的第三人不履行文书提交义务的后果作出相应的规定，在《行政诉讼法》第40条后再增加一款：“有关行政机关以及其他组织、公民无正当理由拒不提供证据的，人民法院可以对其处以一万元以下的罚款。”

（2）勘验协力义务。当事人以外的第三人的勘验协力义务是指当事人以外的第三人所负有的将自己所持有的勘验标的物提

① 占善刚：《证据协力义务之比较法研究》，中国社会科学出版社，2009，第294页。

交法院或者忍受法院进行勘验的义务。具体包括勘验标的物提交义务与勘验容忍义务。[①] 上文已论述，在诉讼立法中对于勘验而言，除有特别规定外，多准用书证的规范，此处不再赘述。

（3）证人义务。证人是指当事人本人及其法定代理人以外的第三人，在他人的诉讼中，陈述自己观察具体事实的结果。[②] 证人的言辞陈述即为证言，以证言作为证据资料的证据调查形式，即为证人询问。证人义务是指知道案情具体情况的当事人及其法定代理人以外的第三人，负有将自己所知道的关于案件情况及自身体验的事实告知法院的义务，具体应当包括到场义务、宣誓义务以及证言义务。[③]

《行政诉讼证据规定》第 41 条规定："凡是知道案件事实的人，都有出庭作证的义务。"通过该规定可知，我国明确规定了证人负有出庭作证的义务与证言义务，但是我国现行立法对证人无正当理由不履行出庭义务和证言义务的并没有设置任何制裁措施。因此，为了保障证人履行其义务，建议在第 41 条后增加一款："证人收到法院通知，无正当理由不到场陈述证言的，人民法院可以对其处以一万元以下的罚款或十五日以下的拘留并可要求其承担因拒绝作证而产生的诉讼费用；证人已收到前项裁定，经再次通知仍不到场者，必要时法院可以拘传。"同时，我国现

① 占善刚：《证据协力义务之比较法研究》，中国社会科学出版社，2009，第 294 页。

② 熊洋：《证据协力义务视野下的民事非法证据排除规则》，《武陵学刊》2011 年第 1 期，第 57 ~ 61 页。

③ 占善刚：《证据协力义务之比较法研究》，中国社会科学出版社，2009，第 310 页。

行立法并未规定证人的证言拒绝权，这种一味追求实质真实而忽略其他更值得保护或者起码需要得到同等保护的利益，是与现代依法治国理念所不相符的，因此，建议设置证言拒绝权制度。建议在第41条后再增加一款，即证人有下列情形之一时，可拒绝陈述证言：（一）证人陈述的证言为其职务上应当保守秘密的事项；（二）证人陈述的证言为涉及国家高度机密的事项；（三）证人陈述的证言涉及技术或职业上秘密的事项；（四）证人为当事人的配偶、前配偶、直系血亲、三代以内旁系血亲、两代以内旁系姻亲或过去曾有此等亲属关系的，或与证人订有婚约者；（五）证人的监护人或者受监护人；（六）证人陈述证言，将使证人或者与证人有第（四）（五）项所规定关系者受到刑事追诉或者蒙上耻辱的。”

我国现行立法对证人在作证中的宣誓义务没有作出规定，为了保证证人在作证时所陈述的内容真实，有必要设置证人的宣誓义务。建议在第41条后增加一款：“人民法院在要求证人陈述前，证人应进行宣誓。在证人宣誓前，人民法院应告知其宣誓的义务和作伪证的处罚。但有下列情形之一的，人民法院不得要求证人宣誓：（一）未满十六周岁或者有精神疾病而不理解宣誓意义及其效果的；（二）证人与当事人有第四十一条第三款第（四）项或第（五）项关系的。证人有下列情形之一，可以拒绝宣誓：（一）与证人本人有直接利害关系的事项而受询问的；（二）证人与当事人有第四十一条第三款第（四）项或第（五）项关系而就有直接利害关系的事项受询问的。证人无正当理由拒绝履行宣誓义务的，可准用第四十一条第二款关于证人拒绝到场陈述证言的规定处罚。”

（4）鉴定义务。鉴定是拥有特别学识经验的第三人以其学识经验向法院提供判断或意见的证据调查形式。[①] 鉴定义务是指鉴定人基于自身所拥有的专业知识向法院陈述关于专门事项的判断意见的义务，具体包括到场义务、宣誓义务以及陈述鉴定意见的义务。[②]

与证人义务所不同的是，鉴定义务是特定的人，即具有作为鉴定人所必需的专业知识的人，对国家所负的特殊协力义务，而非对国家所负的一般协力义务。同时，鉴定人是运用其专业知识向法官提供鉴定意见，那么只要是具备鉴定所需的专业知识的人就可担当鉴定人，因此，鉴定人具有可替代性，这点与证人的不可替代性不同，那么对鉴定人无正当理由不履行鉴定义务的不可适用拘传的措施。

《行政诉讼证据规定》第47条规定：“对于出庭接受询问的鉴定人，法庭应当核实其身份、与当事人及案件的关系，并告知鉴定人如实说明鉴定情况的法律义务和故意作虚假说明的法律责任。”从该条规定可以推断鉴定人负有陈述鉴定意见的义务。《行政诉讼证据规定》第32条规定：“人民法院对委托或者指定的鉴定部门出具的鉴定书，应当审查是否具有下列内容：（一）鉴定的内容；（二）鉴定时提交的相关材料；（三）鉴定的依据和使用

① 熊洋：《证据协力义务视野下的民事非法证据排除规则》，《武陵学刊》2011年第1期，第57~61页。

② 占善刚：《证据协力义务之比较法研究》，中国社会科学出版社，2009，第420页。

的科学技术手段；（四）鉴定的过程；（五）明确的鉴定结论；（六）鉴定部门和鉴定人鉴定资格的说明；（七）鉴定人及鉴定部门签名盖章。前款内容欠缺或者鉴定结论不明确的，人民法院可以要求鉴定部门予以说明、补充鉴定或者重新鉴定。”虽然该规定对鉴定人陈述鉴定意见的义务作出了规定，但是当鉴定人不履行陈述鉴定意见义务，无正当理由拒绝陈述鉴定意见时，对其所应受到的制裁措施却缺乏具体的规定，难以达到强制鉴定人履行其陈述义务的目的。因此，建议在《行政诉讼证据规定》第32条后增加一款：“鉴定人无正当理由不履行鉴定义务的，准用第四十一条第二款关于证人不履行证人义务的处罚规定，但人民法院对鉴定人不得拘传。”同时，该规定也并未规定鉴定人的证言拒绝权，因此为了保护鉴定人的合法权益，应当赋予鉴定人一定条件下的证言拒绝权，建议在第32条后再增加一款：“鉴定人拒绝陈述证言准用第四十一条第三款关于证人拒绝陈述证言的情形，或者人民法院认为有其他理由的，也可免除鉴定人陈述鉴定意见。鉴定人的宣誓义务准用第四十一条第四款关于证人宣誓义务的规定。”

第二节　违反行政诉讼证据协力义务的认定规则与法律后果

行政诉讼中证据协力义务的具体构建，不仅需要其内容清楚、明晰，还需要设置违反证据协力义务的认定规则和具体明确的制裁措施。只有这样，才能保障证据协力义务在司法实践中得到具体适用，从而真正地实现其效果。本节笔者将对行政诉讼中违反证据协力义务的认定规则与法律后果进行研究。由于目前我国司法实务中缺少对违反证据协力义务的认定规则，所以本书将从制度层面和诉讼理论出发，以求最大限度地设置符合司法实务需求的具体规则。

一、违反行政诉讼证据协力义务的认定规则

法律只有具备明确性与可操作性，才能真正实现其预测、评价以及指引等功能。合理设置违反行政诉讼证据协力义务的认定规则才能使其得到具体落实，具有可操作性。①

（一）违反行政诉讼证据协力义务的认定主体

不负举证责任的当事人以及当事人以外的第三人违反证据协力义务，不仅会损害他人的合法权益，扰乱诉讼秩序，影响法院裁判的公正性，还会危及司法的权威性，所以必须追究违反行政诉讼证据协力义务行为的法律责任。那么，违反行政诉讼证据协力义务的认定主体由谁来担任，也是认定规则中必须予以考虑的问题。

从诉讼理论上来讲，违反行政诉讼证据协力义务可能存在的认定主体主要有人民法院、对方当事人、人民检察院。对方当事人在诉讼中虽然享有诉讼权利，但是其并不拥有司法审判权；人

① 宋炉安：《司法最终权——行政诉讼引发的思考》，《行政法学研究》1999 年第 4 期，第 48 ~56 页。

民检察院主要是对法院的审判活动进行监督，并不直接针对诉讼当事人的行为进行监督，所以人民检察院不能作为违反证据协力义务的认定主体；人民法院拥有司法审判权，法院能够成为违反证据协力义务的认定主体，且是唯一合法的认定主体。具体原因在于：第一，行政诉讼证据协力义务的相对方为法院，承担协力义务的主体主要是对法院审判活动进行协助，即使有时间接表现为对对方当事人的协助，其实实质上还是对法院发现案件事实真相、作出公正审判的协助，所以法院监督该义务的履行情况是其应有的职责。第二，法院审理案件应当遵循以事实为依据、以法律为准绳的原则，不负举证责任的当事人以及当事人以外的第三人不履行证据协力义务的行为，不仅会阻碍法院查清案件事实，而且还会增加法官的审查难度，浪费司法资源。所以当事人及当事人以外的第三人的诉讼行为是否适法，关系到法院司法审判权能否顺利实现。第三，法律赋予法官诉讼指挥权与管理权，在诉讼中，特别是在庭审程序中，法官有责任维护庭审的秩序，并且监督当事人的行为，以保障诉讼程序的正常进行。① 因此，监督与规制不负举证责任的当事人以及当事人以外的第三人违反证据协力义务的不法行为，体现了法院的司法审判权，唯有人民法院能够成为违反证据协力义务的认定主体。

（二）违反行政诉讼证据协力义务的构成要件

1. 主体要件

违反证据协力义务的主体为不负举证责任的当事人以及当事

① 刘泉：《行政诉讼释明程度探析》，《广东社会科学》2013 年第 3 期，第 250～256 页。

人以外的第三人。证据协力义务是不负举证责任的当事人以及当事人以外的第三人负有积极提供证据以协助法院调查案件事实的义务，其主要是在证据调查阶段，尤其是对于存在证据偏在性的案件，有时查明案件所必需的证据存在于不负举证责任的当事人或者当事人以外的第三人手中，需要其协助才可取得，所以此时通过法律的规定，科以该当事人或当事人以外的第三人将持有的证据提交法院的义务，如果其不履行义务，法院将会采用相应的制裁措施，强制其提出与案件相关的证据。该义务的主体是不负举证责任的当事人以及当事人以外的第三人，而不是负举证责任的当事人。负举证责任的当事人向法院提供证据的行为受到举证责任原则的调整，承担举证责任的当事人是否向法院提供证据主要取决于自己的意愿，即使不提供法院也不能够强制其提供，只是可能当案件真伪不明时依举证责任原则承担败诉的风险。①

2. 主观要件

不负举证责任的当事人及当事人以外的第三人不履行证据协力义务时主观心理状态为故意。不负举证责任的当事人及当事人以外的第三人在实施违反证据协力义务行为时应当存在过错，即主观应为故意的心态，故意隐匿、拒绝提供证据，证人、鉴定人故意不出庭，证人故意不陈述证言，鉴定人故意不陈述鉴定意见等，它强调主观心态为故意。从主观上来说，故意是指不负举证责任的当事人及当事人以外的第三人主观上明知或凭臆断而相信的心理状态。从主观动机而言，不负举证责任的当事人及当事人

① 张显伟：《行政审判权的理性配置》，《学术论坛》2009 年第 5 期，第 98 ~ 101 页。

以外的第三人的故意是基于非法目的，即加重对方当事人的负担、损害对方当事人的权益以及由此获得非法诉讼利益。但是，如果是因为不可归责于该当事人或当事人以外的第三人的客观原因导致其无法履行证据协力义务，则不可对其施以制裁措施。同时，设置证据协力义务的制裁措施应考虑期待可能性，因为客观原因而导致其无法举证是不满足期待可能性的。此外，如果对因为客观原因而无法履行该义务的当事人及当事人以外的第三人的行为进行追责，会造成该当事人及当事人以外的第三人极为不利的心理负担，影响其对于司法的信任感。因此，认定不负举证责任的当事人以及当事人以外的第三人违反该义务只能因其存在过错，且主观心态为故意。

3. 行为要件

违反行政诉讼证据协力义务的行为即不负举证责任的当事人以及当事人以外的第三人不履行法律赋予其证据协力义务的相关义务行为。

在行政诉讼中，不负举证责任的当事人所负有的证据协力义务包括文书提交义务、勘验协力义务、当事人受询问义务以及不为证明妨碍的义务；第三人负有的协力义务包括文书提交义务、勘验协力义务、证人义务以及鉴定义务。相应的不负举证责任的当事人违反证据协力义务的典型行为包括隐匿、拒不提供文书、勘验标的物，不配合法院的勘验活动，不出庭接受法院的询问，不进行宣誓，拒绝陈述其所知的案件事实以及故意损毁或致使证据不堪使用等行为；第三人违反证据协力义务的典型行为包括隐匿、拒不提供文书、勘验标的物，不配合法院的勘验活动，证人或鉴定人不出庭作证，证人拒绝陈述证言或鉴定人拒绝陈述鉴定意见等行为。

4. 后果要件

后果要件包括不负举证责任的当事人不履行证据协力义务造成或可能造成的不利后果；当事人以外的第三人不履行证据协力义务造成的不利后果。

不履行证据协力义务造成的不利后果包括：诉讼的迟延、增加对方当事人的诉讼成本、造成法院认定事实错误、侵害案外第三人或社会公共利益、浪费司法资源以及其他情形。上述的不利后果都是由不负举证责任的当事人以及当事人以外的第三人违反证据协力义务造成的。这是从结果意义上来认定，即因为不负举证责任的当事人以及当事人以外的第三人的行为已经造成上述不利后果，那么就构成对证据协力义务的违反。如果该当事人以及当事人以外的第三人的行为尚未造成上述不利后果，只是有可能造成，那么在认定两者是否构成违反该义务时则应当有所区分。因为当事人以外的第三人并非纠纷主体，与法院的判决结果也没有直接的利害关系，所以对当事人以外的第三人设置违反该义务的构成要件应当不同于当事人。具体来讲，如果是当事人以外的第三人违反了证据协力义务，但是尚未造成上述不利后果，则不认定其违反了证据协力义务；若是不负举证责任的当事人违反了该义务，但是尚未造成上述不利后果，仍应当认定其构成对证据协力义务的违反。也就是说，对不负举证责任的当事人而言，违反证据协力义务并不要求已经造成不利后果，只要其不履行证据协力义务的行为可能造成诉讼的不利后果，就可能被认定为违反了证据协力义务，而受到法律的制裁。值得注意的是，对尚未造成实际不利法律后果的情形，可以考虑赋予法院一定的自由裁量权，例如，不负举证责任的当事人隐匿、拒绝提供证据，但是该证据对于认定案件事实不具有决定性的意义或者法院可以依据其他证据认定案件事实，上述行为并未造成实际损害后果。这种情况要考虑到，因为不负举证责任一方当事人本无必要对对方当事人的主张提供帮助，但基于诉讼公平原则以及双方平等接近证据以及武器平等的原理，并且为了协助法院及时正确地发现案件事实，才规定其应当承担协力义务。法律科以不负举证责任的当事人以及当事人以外的第三人提供证据的义务本就加重了该当事人以及当事人以外的第三人的诉讼负担，若此时不存在上述不利法律后果，而仍对其科以不利制裁措施，难免过于苛刻。因此，本书认为应当赋予法院一定自由裁量权来认定其是否违反证据协力义务，从而对其科以制裁措施。

二、违反行政诉讼证据协力义务的法律后果

法律规则欲得到有效实施，应当明确规定违反规则的不利法律后果，使当事人能够了解其违反规则的法律后果。[①] 但从我国目前的司法实践来看，诉讼中当事人隐匿、拒绝提供证据以及证人不出庭作证的情形屡屡发生，这与我国立法对证据协力义务具体规则的缺失不无关系。当前，我国行政诉讼相关立法中不但对证据协力义务缺少明确规定，而且也未明确规定违反证据协力义

① 廖克林：《国家权力、国家机关职权和公民权利刍议》，《贵州社会科学》2001 年第 6 期，第 43 ~46 页。

务应承担的相应的法律后果，目前的规定仅为训示性的规定，导致法官在司法实践中无法对违反证据协力义务的不法行为予以全面规制，不能令违反者负担不利的法律后果。因此，对违反证据协力义务的法律后果的规范必须重视。

（一）违反证据协力义务的法律后果的内涵及意义

法律后果即触犯法律的后果，一般是指法律对具有法律意义的行为赋予某种结果。它大体上可以分为肯定性法律后果和否定性法律后果两大类。对于违反证据协力义务而言，其属于否定性法律后果，是指在行政诉讼中，不负举证责任的当事人以及当事人以外的第三人因实施隐匿、拒绝提供证据或拒绝出庭等行为而产生的具有法律意义的否定性后果。

行政诉讼中，通过立法明确规定不负举证责任的当事人以及当事人以外的第三人违反证据协力义务，所应当承担相应的法律后果的意义在于：首先，证据协力义务作为一项法律义务，当事人必须予以遵守。然而只有通过法律明确规定违反证据协力义务的相应法律后果，赋予其惩罚功能，使其具有一定的威慑力，才能保证证据协力义务得到真正地履行与适用。其次，对违反证据协力义务设置法律后果有利于发挥其预防功能。由于违反证据协力义务将产生诸如承担诉讼费用、罚款、拘留等不利的法律后果，因而会对诉讼当事人及当事人以外的第三人产生一定的威慑力，增加其行为的成本，由此减少诉讼中违反证据协力义务的不法行为。因此，设置违反证据协力义务的不利法律后果，能够对当事人及当事人以外的第三人违背证据协力义务的行为予以制裁，从而完善我国的法律责任体系，保障证据协力义务得到适用。最后，对违反证据协力义务设置法律后果有利于发挥其补偿功能。在诉讼中，不负举证责任的当事人及当事人以外的第三人隐匿、拒绝提供证据，或者证人拒绝出庭作证，可能会造成诉讼拖延，法官难以及时查清案件实情，从而可能造成对方当事人的损失。因此，设置违反证据协力义务的相应法律后果，能够在一定程度上补偿受损害当事人，从而实现司法的公平与公正。

（二）违反证据协力义务的法律后果

1. 当事人不履行证据协力义务的法律后果

对于不负举证责任的当事人而言，其违反证据协力义务是为了谋求裁判上的不正当利益，若对其施以罚款、拘留等制裁措施，并不会使其承担证明上不利益的后果，难以有效抑制该当事人违反证据协力义务的行为。因为不负举证责任的当事人隐匿、拒绝提供证据等行为，是为了使负举证责任的当事人无法获得其并未持有的证据，使法官无法全面掌握案件有关的事实证据从而作出有利于己的裁判结果。尤其是对于存在证据偏在性的案件，举证人常常隔绝于应证事实之外，无法获取相关的证据资料，而此时若不负举证责任一方当事人故意隐匿证据，则会造成法院难以查明案件事实而作出有利于该当事人的不公平的裁判，这不仅危及法院裁判的公正性，而且最终会动摇司法的权威性，使人们对司法产生不信任感。因此，为了真正达到对当事人违反证据协力义务的制裁目的，对其行为形成有力的威慑，法院可以拟制对方当事人关于该证据的主张或依该证据所应证明的事实为真实，以实现当事人的武器平等原则，并且获得良好的制裁实效。同时需要注意的是，法院对当事人违反证据协力义务的不同情况应当加以区分，如果当事人故意违反该义务对法院查清案件事实具有重大影响的，法院可认定其为严重违反证据协力义务的情形，此时应当赋予法院一定的自由裁量权。

2. 当事人以外的第三人不履行证据协力义务的法律后果

由于诉讼中当事人以外的第三人并非纠纷主体，与法院的判决结果也没有直接的利害关系，所以对当事人以外的第三人所设置的制裁措施应当不同于当事人违反证据协力义务所受到的制裁措施。在第三人违反证据协力义务时，应根据该第三人违反证据协力义务情形的不同程度，来设置合理的法律后果。对于情节轻微的案件，可以对第三人处以金钱上的处罚，即可规定其承担因违反证据协力义务而导致的诉讼费用，或对其处以罚款；若案件涉及公共利益，而该第三人提供的证据对于该案的认定具有重要作用，则对该第三人可处以拘留、拘传等强制措施。具体来说，可规定以下法律后果：

（1）强制负担诉讼费用。强制负担诉讼费用体现了法律后果的补偿性功能，[①] 即在行政诉讼中，当事人以外的第三人违反了证据协力义务，则应当承担相应的诉讼费用。第三人对证据协力义务的违反不仅会对法院的司法审判权造成危害，而且会对对方当事人的诉讼权利造成侵害。第三人如证人、鉴定人拒绝出庭作证会造成法院无法查明案件事实，从而造成诉讼的拖延，增加当事人本可避免的差旅费、误工费等相关费用的损耗。因此，为了维护诉讼当事人损失与收益的平衡，以及补偿受侵害一方当事

① 廖克林：《国家权力、国家机关职权和公民权利刍议》，《贵州社会科学》2001 年第 6 期，第 43～46 页。

人的损失，法院应当判定该侵害第三方承担该受侵害当事人的相关诉讼费用，以保证该受侵害方能够获得相应诉讼费用的补偿。一般该诉讼费用包括：传唤证人、鉴定人所需的费用，当事人及其诉讼代理人出庭所花费的差旅费、误工费、住宿费等。[①]

（2）罚款。在诉讼中，对第三人违反证据协力义务的，法院应当对其处以罚款的处罚。原因在于：第一，证人不出庭作证、拒绝陈述证言，鉴定人不陈述鉴定意见或者第三人不将其持有的文书提交法院，不仅会加重对方当事人的负担，而且会误导法院的审理，造成诉讼拖延，从而直接损害当事人的诉讼权利，最终可能危及司法的权威性。因此，必须对第三人的上述行为施以金钱上的制裁，以规制其行为。第二，证人证言、鉴定意见以及第三人提供的文书等证据，对法院认定案件事实具有重要作用，有利于法院及时查清与案件有关的事实，而第三人违反证据协力义务则会阻碍法院对案件事实的调查。在诉讼双方当事人所提供的证据都无法使法官获得对案件事实的证据时，则只能依靠第三人的证言及其所提供的证据，尤其是在案件缺少直接证据的情形下，第三人提供的证据就成了法官认定案件事实所考虑的重要因素。因此，第三人能够提供证据而拒不提供，证人能够出庭作证而拒不出庭等行为可能导致法官因为无法全面掌握证据而作出不公正的裁判。因此，有必要通过设置罚款这一处罚措施来对第三人违反证据协力义务的行为进行处罚与震慑。

（3）拘留。《行政诉讼法》第 59 条已经规定有义务协助调

---

① 占善刚：《证据协力义务之比较法研究》，中国社会科学出版社，2009，第 151 页。

查的人实施证明妨碍行为将受到的制裁措施包括训诫、责令具结悔过、罚款、拘留、构成犯罪的追究刑事责任这五种。于是，在设置当事人以外的第三人违反证据协力义务所受到的制裁措施时可以设置拘留这一制裁措施。具体来说，当案件涉及重大公共利益，而该第三人所拒绝提供的证据又关系到案件事实的认定时，此时如果仅通过上述金钱上的制裁措施难以达到惩罚的目的，不能对该第三人形成真正的威慑力。而且有时第三人拒绝履行证据协力义务是出于谋求诉讼一方当事人获得胜诉的目的，同时，通过与诉讼一方当事人金钱或权力的交易来满足自身的不法利益，而由此获得的不法利益足可弥补其因被科以诉讼费用及罚款所遭受到的金钱上的损失。这种行为不仅严重侵害了诉讼另一方当事人的利益，危害了公共利益，而且损害了法院的司法审判权，具有较大的社会危害性，该当事人将诉讼作为其非法牟利的工具，具有较大的主观恶性，应当对其处以更严厉的惩罚措施。因此，必要时法院应当对该第三人处以司法拘留的强制处罚措施。司法拘留是指人民法院为了保证审判活动正常进行，对实施了严重妨害诉讼活动的人，采取限制其短期限的人身自由的一种强制措施。针对违反证据协力义务的第三人施以司法拘留的制裁措施，有利于制裁措施发挥其真正的作用，对该第三人形成真正的威慑力与强制力，从而最终保证证据协力义务得到真正地履行与适用，以及更好地维护公共利益。

（4）拘传。拘传是指法院在证人拒绝履行出庭义务时，采取一定的手段强制证人到庭作证的强制出庭措施。[①] 该项制裁措施主要针对第三人中的证人而设置，因为与第三人中的证人不同，鉴定人作为法院的辅助者，应处于客观中立的地位，并且其具有可替代性，任何具备案件所需专业知识的人，只要具备法院所要求的鉴定资格即可成为鉴定人，所以对鉴定人不适用拘传的强制处罚措施，若鉴定人执意不出庭，则取消鉴定意见的证据能力，可另委托其他鉴定人。但是证人对于查明案件事实来说具有不可替代性，其将过去所体验的事实到庭向法院进行陈述，对于法院及时有效地查明案件事实具有十分重要的意义，尤其是涉及重大公共利益的案件，证人不按时出庭不仅打乱了法庭的审判秩序，而且会导致法官无法及时查清案件事实，影响法院裁判的公正性，危害公共利益。上述论及的几点制裁措施，对于证人而言仅是间接性的制裁措施，有时难以达到实际需要的效果，而为了迫使证人作证，应当对其采取直接强制措施，即拘传。拘传是限制证人的出庭自由，使其受到司法权力的限制，强迫其出庭作证有利于法院更快查明案件事实真相，保证法院裁判的正当性。

第三节　行政诉讼证据协力义务的具体适用

前文已经对行政诉讼证据协力义务的相关内容进行了探讨，以期对行政诉讼证据协力义务在我国的设立形成整体思路，本节

---

① 宋炉安：《司法最终权——行政诉讼引发的思考》，《行政法学研究》1999 年第 4 期，第 48 ~56 页。

将继续针对行政诉讼证据协力义务具体适用的相关问题进行研究，主要涉及行政诉讼证据协力义务的适用界限和该义务与行政程序中相对人的协力义务衔接的问题，以帮助法官在司法实务中能更好地理解与适用这一规则。

一、行政诉讼证据协力义务的适用界限

任何一项法律制度都有其适用界限，行政诉讼证据协力义务也不例外。行政诉讼证据协力义务要求不负举证责任的当事人以及当事人以外的第三人提供证据协助法院查明案件事实，但是在有些情况下，发现案件真实的手段会与其他价值相冲突。而且，诉讼皆因双方当事人“利之所在”，若一味要求不负举证责任的当事人以及当事人以外的第三人履行证据协力义务，就会违背人类趋利避害的本性，使得司法实践很难达到预期效果。因此，在规定证据协力义务的同时，应当根据期待可能性，来赋予不负举证责任的当事人以及当事人以外的第三人一定限度的拒绝权利。

具体来讲，关于“期待可能性”，笔者认为其包含两层内容：一方面，负有举证责任一方当事人所主张事实的证据，应当由诉讼中不负举证责任的对方当事人所实际占有或属于其掌控范围之内，由不负举证责任一方当事人提出该证据具有可能性而并不是过于苛求，即由其提供证据并不存在困难。另一方面，要求不负举证责任的一方当事人提出案件相关事实资料证据而导致其所遭受的利益损失，并不会明显高于当案件事实处于真伪不明时，依据举证责任分配法则而给对方当事人所造成的证明风险的

增加，而且由不负举证责任的一方当事人提供证据并不违背公平原则。衡量这种“期待可能性”时，则必然会涉及一个价值评价的问题。本书认为，在对当事人及当事人以外的第三人协力义务的分配中，应根据具体的案情做具体综合的考虑，权衡各种利益关系的轻重。

在履行举证责任的过程中，负有举证责任的一方当事人由于处于事件发生的场所之外，或者因距离证据较远，又或者因取得证据存在实际困难等客观原因，无法履行提供证据的责任。而对于其无法提供证据的情形，不负举证责任一方当事人本无必要对对方当事人的主张提供帮助，但基于诉讼公平原则以及双方平等接近证据以及武器平等的原理，同时为了协助法院及时正确地发现案件事实，才规定其应当承担协力义务。所以此时，不负举证责任一方当事人有必要承担协力义务。同时我们也应看到，负有举证责任的一方当事人无法提供证据，履行其举证责任并不必然导致不负举证责任一方当事人承担协力义务。只有当不负举证责任一方实际占有或控制的案件诉讼资料证据比负有举证责任的一方当事人更容易取得，而且也不会损害其自身合法权益，以此作为期待可能性时，才能够要求不负举证责任的当事人提供其所掌握的案件事实以及相关证据。

由此可见，由不负举证责任的当事人承担协力义务若与其自身合法权益发生冲突，存在导致不必要损害的可能性时，为避免因矫枉过正而过分损害不负举证责任一方当事人自身的利益，应当根据“比例原则”由法院进行裁量，对不负举证责任的一方当事人利益之损害程度与查明案件事实所能保护的对方当事人权利间的价值高低进行权衡取舍。依据“比例原则”进行权衡，在这一过程中极为重要的考量因素是不负举证责任的一方当事人对该义务的履行是否具有期待可能性。证据协力义务制度的设立意在协助法院调查案件的事实真相，平衡双方证据能力，保证双方当事人在诉讼中武器平等。若过分强调不负举证责任的一方当事人的义务，忽略对不负举证责任一方当事人的利益保护，容易导致不负举证责任一方当事人被迫提供不利于己方的证据事实，更加重其负担，对双方之间的不平衡有矫枉过正之嫌。在司法实践中，该义务如果被不合理地扩大适用，会使本来向一端倾斜的天平倾向另一端，无法实现真正的平等。因此，不负举证责任的一方当事人应在具有“期待可能性”范围内进行协力。“期待可能性”的范围既包括隐私权、商业秘密的保护，又涉及避免其受到刑事追诉或者名誉受损的危险。具体来说，保护范围包括以下几个方面。

（一）隐私权

隐私权是指自然人享有的个人信息和私有领域不被他人非法侵扰、知悉、收集和公开的一种人格权。隐私权是一项基础的、独立的人格权，因而普遍受到各国实体法和程序法的确认与保护。如果对隐私权不加以保护，那么将会损害公民的名誉，或搅扰人们的平静、安稳的生活。隐私权既可以被理解为一种信息，也可以被理解为一种活动，同时还可以被理解为一种空间与领域。总之，隐私纯属当事者个人的私事，它与公共利益、社会群体无关，并且，无论是按照通常的心理状态还是道德水准，人们都不愿他人知悉、不便他人介入的特殊私人独占领域，或者说，一旦为他人所知或者由他人介入，将对当事人产生不利的后果。① 但是不负举证责任一方当事人或当事人以外的第三人是否可以隐私权保护为理由拒绝履行证据协力义务呢？如果持肯定的观点，那么必然会限制该义务的适用范围，会对证据协力义务的适用带来很大的限制，而且由于隐私权自身的范围不易确定，应承担证据协力义务的一方当事人或第三人有可能滥用该项事由。人身权的保护确实很重要，但是不能只要当事人主张隐私权保护即可不承担证据协力义务，这必然不利于平等保护双方当事人的合法民事权益。笔者认为应采取更为灵活、合理的方法解决隐私权与履行证据协力义务之间的冲突问题，也就是主张引入利益权衡机制，即在个案中由法官对不负举证责任的一方当事人或者当事人以外的第三人的隐私利益和诉讼利益进行权衡，除非隐私利益确实高于诉讼利益，否则不能免除不负举证责任一方当事人或当事人以外的第三人的行政诉讼证据协力义务。因此，该当事人或第三人不能以保护隐私权为由对抗证据协力义务的适用，否则将大大削弱该义务在诉讼中的作用。笔者认为，对于涉及个人隐私的案件，根据各国家、地区法律，法院一般不会公开审理，此种做法对当事人及当事人以外的第三人的隐私权已经发挥保护的效果。不负举证责任一方当事人或者当事人以外的第三人在公开审判的案件中提出其履行证据协力义务所提供的证据内容将涉及其隐私，可以向法院申请不公开审理，法院可在审查后作出裁定。不宜允许该当事人或当事人以外的第三人援引隐私保护对抗证据

① 廖克林：《国家权力、国家机关职权和公民权利刍议》，《贵州社会科学》2001 年第 6 期，第 43 ~46 页。

协力义务的适用，否则将使该义务在诉讼中的作用大打折扣。

（二）商业秘密

《中华人民共和国反不正当竞争法》第9条对商业秘密进行了明确规定："商业秘密，是指不为公众所知悉、具有商业价值并经权利人采取相应保密措施的技术信息、经营信息等商业信息。"关于商业秘密是否属于证据协力义务的例外，在学界同样存在着争议。如果认为不负举证责任一方当事人或当事人以外的第三人可以保护商业秘密为理由拒绝履行证据协力义务，那么也是以期待可能性作为其理论依据。如果不负证明责任一方当事人承担的协力义务与保护商业秘密义务发生冲突，此时应当如何设置才能不致使证据协力义务不沦为虚置？笔者认为，可以作类似上述关于保护个人隐私的处理，由负有证据协力义务的当事人或当事人以外的第三人向法院提出申请，法官可以根据证据和具体案情作出综合判断，从而决定是否可以不公开进行审理。但是如果负有证据协力义务的当事人或当事人以外的第三人坚持认为对方当事人企图通过诉讼来窥探其商业秘密的情况，对其商业秘密的披露将会给自身带来重大经济利益的损失为理由，拒绝履行证据协力义务时，其应提出相应的证据，法官可根据证据和案情予以综合考量。

（三）可能受到刑事追诉的危险

由于履行证据协力义务而使不负举证责任的当事人或当事人以外的第三人可能受到刑事追诉的危险，此时该当事人或当事人以外的第三人是否可以据此拒绝履行证据协力义务？我国台湾地区学者姜世明更倾向采取个案的利益权衡，即法官应当权衡发现真实的利益与不负举证责任一方当事人或当事人以外的第三人因履行证据协力义务提出证据而可能引发的不利益，如果前者利益优于后者，则不负举证责任一方当事人或当事人以外的第三人应该受到证据协力义务的拘束，若有违反，将承担不利后果；反之，则应当允许不负举证责任一方当事人或当事人以外的第三人保持缄默，至于此保持缄默所能引致的法律效果，不能与违反证据协力义务之法律效果相同，而应该纳入证据评价的范围。[①] 对于此问题，笔者认为由于公民享有不得自证其罪的权利，因此，该问题的实质是一方当事人的证明权保护与对方当事人在《宪法》上所享有的人权之间的冲突。虽然采取个案利益权衡的方法灵活、操作性强，但是其忽略了一项司法原则——公民不得自证其罪，该项原则是《宪法》有关“国家尊重和保护人权”条文的落实，所以该方法不具有适用性。综合上述观点，笔者以为，诉讼中如果当事人或当事人以外的第三人因为履行证据协力义务而使其有受刑事追诉的危险，那么此时法院无权要求该当事人或当事人以外的第三人履行证据协力义务。理由是：其一，此种情形不具有可期待性；其二，公民的宪法权利即人权必然高于诉讼当事人的证明权，公民“不得自证其罪”的原则必须坚守，不能有丝毫的退缩，否则，将会造成人人自危的局面。

二、行政程序中相对人协力义务与行政诉讼中证据协力义务的衔接

行政证据不仅来自行政机关的主动收集，还来自行政相对人

① 姜世明：《举证责任与真实义务》，新学林出版股份有限公司，2006。

的提供，所以行政相对人履行协力义务提供真实的信息，是行政证据的重要来源之一。之后进入行政诉讼程序后，行政证据就成了行政诉讼证据的一部分，行政相对人在行政程序中履行协力义务对于行政诉讼中证据的形成有着重要意义。在行政诉讼中，为了协助法院查明案件事实，要求不负举证责任的当事人及当事人以外的第三人履行证据协力义务提供相关的证据，该证据属于行政诉讼证据。行政程序中行政相对人履行协力义务提供的证明材料与行政诉讼中履行证据协力义务所提供的证据，都是行政诉讼证据的重要来源，对行政诉讼中法院的正确裁决都起着重要的作用。但是这两种协力义务毕竟是两种类型的义务，其差异性在前文已述，此处不再赘述，现主要针对两项义务的衔接问题进行研究，以避免在实践中出现混乱，以利于法官对行政诉讼中的证据协力义务更好地理解与适用。

具体而言，行政诉讼证据的形成和属性会受到之前行政程序的影响，这就决定了行政诉讼证据与行政证据具有关联性。而行政证据的形成一部分来自行政相对人履行协力义务而提供的材料，进入行政诉讼程序，被法院接纳后便成了行政诉讼证据。此时，则可能出现一种情况，如果行政程序中行政相对人不履行协力义务，不提供其所持有的证明材料，但是进入行政诉讼程序后，该当事人又将该证明材料提交法院，则法院该如何处理？此时是否产生失权的后果？如果是，法院应依何理由拒绝该证据？

对于该问题，《行政诉讼法》没有相应的规定，但《行政诉讼证据规定》第 59 条规定：“被告在行政程序中依照法定程序要求原告提供证据，原告依法应当提供而拒不提供，在诉讼程序中提供的证据，法院一般不予采纳。”一方面，该条规定表明了在行政程序中行政相对人未及时提供证据，在行政诉讼中又提出的效果；另一方面，该条规定表述为“法院一般不予采纳”，而不是“法院不予采纳”，也就是说法院在例外的情形下，有采纳该证据的可能性，即法院拥有一定的自由裁量权。但该条规定又未针对例外情形进行具体规定，难免造成司法实践中，法院因缺少标准而面临是否采纳该证据的决策困难，从而严重影响该法条适用的实效性。因此，不能全部依赖法院的自由裁量，对于法院是否应当采纳该证据应设置一定的基准。该基准应综合考量行政相对人在行政程序中不及时提供证据的主观心态和客观原因等因素。

行政程序中行政相对人不履行协力义务的主观心态可分为有过错与无过错。一是行政相对人存在过错，主观上是故意的心态。即行政相对人在行政程序中可以向行政机关提供该证据，但是却故意不提供的情形。同时该情形又可分为两种，一种是违反协力义务的情形，一种是怠于行使权利的情形。[①] 违反协力义务的情形，主要是指根据法律规定该行政相对人在行政程序中本就负有将证明材料提交行政机关的协力义务，但是却故意不提供该证据，就造成了对协力义务的违反；怠于行使权利的情形，指该行政相对人并无法律规定的协力义务，故意不提供证明材料于行

① 华燕：《论行政程序中相对人迟延举证及其诉讼后果——兼谈对〈最高人民法院关于行政诉讼证据若干问题的规定〉的检讨》，《行政法学研究》2011 年第 4 期，第 95 ~ 101 页。

政机关，但此时并不是对协力义务的违反，而是该行政相对人怠于行使其主张陈述申辩的权利。二是行政相对人无过错，即导致该证据未在行政程序中提出的原因，并非行政相对人的过错，是客观原因导致该证据无法提出。可能是由于行政机关的原因，如行政机关未履行告知义务，导致行政相对人未及时提供该证明材料，或者是基于客观无法控制的原因，在行政程序中行政相对人无法收集该材料。

针对上述行政程序中基于不同的原因行政相对人未及时提供证据的情形，在行政诉讼中，法院在决定是否采纳该证据时，也应当区别对待。

首先，对于故意违反协力义务的情形。该行政相对人在行政程序中，根据法律的规定应当履行协力义务，而且其具有履行该义务的可能性，但却故意不履行该义务，拒不向行政机关提供证明材料。行政相对人协力义务的设立目的就是使行政相对人将其持有的证明材料提供给行政机关，以提高行政效率，节约行政成本，保证公共利益的实现。但是该行政相对人能够提供证明材料，却故意不提供，进入诉讼程序后，又将该证据提出，该行为不仅会扰乱行政诉讼程序的运行，还会损害对方当事人的利益。因此，针对此种情形，法院对该证据应当不予采纳，即造成证据失权的效果。证据失权，是指在法律规定或法院指定的期限内，负有举证责任的当事人没有向法院提交证据，在期限经过后不得再次提出，当事人因此而丧失证据提出权和证明权的一项制度，是诉讼程序上的法律后果。[①] 可见，证据失权制度的设置，是为了防止当事人对于诉讼的拖延，促使当事人在诉讼中积极履行诉讼义务，行使诉讼权利。

其次，对于怠于行使权利的情形。行政程序中行政相对人提供证明材料的行为，实质上体现了行政相对人在行政程序中的参与权。可是，法律在赋予一定权利的同时也应当设置一定的条件与限制。如《中华人民共和国行政处罚法》（以下简称《行政处罚法》）第41条规定："行政机关及其执法人员在作出行政处罚决定之前，不依照本法第三十一条、第三十二条的规定向当事人告知给予行政处罚的事实、理由和依据，或者拒绝听取当事人的陈述、申辩，行政处罚决定不能成立；当事人放弃陈述或者申辩权利的除外。"根据该条可以看出，行政相对人行使陈述申辩权受以下两方面的限制：一是时间限制，即该陈述申辩等权利必须在作出行政处罚决定之前行使；二是禁止反言，即如果该行政相对人已经明确表述放弃该项权利的，在诉讼中就不允许其再主张该项权利。而且，在行政诉讼中不得推翻其在行政程序中所陈述申辩的内容。[②] 如前所述，如果行政相对人未在规定时间内行使其陈述申辩的权利，不仅会造成该行政相对人在后续的行政程序中不能再行使该项权利，而且在之后的行政诉讼中该行政相对人也无法再行使该项权利。对于该问题，我国台湾地区有学者持不

---

① 蔡虹、羊震：《民事诉讼证据失权制度初探》，《法商研究》2000年第6期。

② 华燕：《论行政程序中相对人迟延举证及其诉讼后果——兼谈对〈最高人民法院关于行政诉讼证据若干问题的规定〉的检讨》，《行政法学研究》2011年第4期，第95～101页。

同的看法，认为对于行政相对人未在法定期限内行使陈述申辩等权利的后果，应当由行政机关综合考虑之后作出决定，而且迟延的后果仅致使行政相对人丧失其程序权。① 另外有学者认为，法定期间具有绝对的效力，行政相对人迟到的异议应当终局性地丧失，而且在行政诉讼程序中也不得再主张。② 华燕认为在诉讼中，法官可就此行使司法裁量权决定是否接受该证据。③ 笔者较认同学者华燕的观点。因为行政相对人在行政程序中怠于行使其陈述申辩等权利虽然是对其权利的漠视，但是客观上影响了行政效率，给行政机关执法活动造成了一定的阻碍，不过其不行使法律所赋予的权利与违反协力义务毕竟本质上存在区别，如果直接对其科以不利益，难免有不公平之嫌。因此，在行政诉讼中可以赋予法官一定的裁量权，使其可以综合考虑多重因素，即根据该行政相对人的主观原因以及该证据在诉讼中的重要性来决定是否予以采纳。

再其次，对于由行政机关导致的情形。即行政相对人未及时在行政程序中提供证据，是由行政机关造成的，如行政机关未履行告知义务，使行政相对人对于自己陈述申辩等权利不了解，而错过了提供证据和表达主张的机会。由于在行政程序中行政机关

---

① 洪家殷：《行政处罚调查程序中之当事人协力义务》，载台湾行政法学研究会主编《当事人协力义务、行政调查、“国家赔偿”——台湾行政法学会学术研讨会论文集》，元照出版公司，2006。

② 萧文生：《论当事人协力义务——以行政执行制度为例》，《政大法学评论》2007年第95期，第33页。

③ 华燕：《论行政程序中相对人迟延举证及其诉讼后果——兼谈对〈最高人民法院关于行政诉讼证据若干问题的规定〉的探讨》，《行政法学研究》2011年第4期，第95～101页。

未履行告知义务，已构成行政行为程序的违法，因而在行政诉讼中，法院可以以行政行为程序违法，而直接判决撤销该行政行为，要求行政机关重新作出行政行为，无须行政相对人再补充证据。

最后，对于不可归责于行政相对人的客观原因导致的情形。在该情形下，由于是不可归责于行政相对人的原因而致使其无法及时提供证据，行政相对人本身并不存在任何过错，因而应当允许该行政相对人向法院提供其未在行政程序中提供的证据，此时法院应采纳该证据。

同时，值得注意的是，《行政诉讼法》第 36 条规定："原告或者第三人提出了其在行政处理程序中没有提出的理由或者证据的，经人民法院准许，被告可以补充证据。"该条规定主要针对原告在行政诉讼中提供其未在行政程序中提供的证据时，被告能否补充证据的情形，此时亦由法院裁量决定。"先取证，后裁决"是行政机关行政执法中的一项基本原则，行政机关在作出行政行为前应当充分收集证据，并且只有在案卷中的证据才是行政行为的依据。在行政诉讼中，行政机关应当将据以作出被诉行政行为的所有证据提交法院，为了保障行政相对人的权利，应当在行政诉讼中对被告行政机关的补证行为予以严格限制。法院应当针对行政相对人在行政诉讼中补充证据的不同情形，来决定是否允许行政机关补充证据。具体来讲，对于行政相对人故意违反协力义务的情形，因为义务的违反而造成证据失权的后果，所以法院对行政相对人的补充证据应不予采纳，此时也就不存在被告补充证据的情形；对于行政相对人怠于行使权利的情形，由法院裁量，若采纳行政相对人的补充证据，为了实现双方武器平等，则应当允许被告补充相应的证据，若法院对行政相对人的补充证据不予采纳，则被告也无须补充证据；对于因行政机关的原因而造成行政相对人未及时举证的情形，由于行政行为程序违法而被法院判决撤销，此时即不存在补充证据的需要；对于客观原因导致行政相对人未及时举证的情形，由于是不可归责于行政相对人与行政机关的原因，因而在采纳行政相对人补充证据的同时，也应当允许被告补充相应的证据。

第四节　行政诉讼证据协力义务的保障机制

一、行政案卷公开制度

“行政案卷是指对行政程序的记载以及行政行为所根据的一切文献，即行政行为案卷。”① 行政案卷公开制度是指在行政程序中行政主体为作出行政决定而收集、制作的与行政案件有关联的卷宗材料对行政相对人予以公开的制度。行政案卷是由行政主体制作，并且由其保管，所以行政主体对案卷的内容最为知晓，要求其提供与论证自不存在问题。但关键问题是行政相对人并不完全知晓如何阅览行政案卷的内容，同时没有相关程序保障其全面系统地阅览与行政案卷相关的内容，从而导致在行政诉讼中其

① 孔繁华：《英美行政法上的案卷制度及其对我国的借鉴意义》，《法学评论》2005 年第 2 期，第 67 页。

不能提供有利于自身的证据资料，以维护自身的合法权益，同时也增加了法官查明案件事实的难度。因此，为了在行政程序中或者之后的行政诉讼程序中有效维护行政相对人的合法权益，使其能够获取行政机关所掌握的、与行政案件有关的卷宗材料，有必要确立行政案卷公开制度。

两大法系的行政程序法中都明确规定了行政相对人有权利对行政案卷进行查阅。例如，《德国行政程序法》第 29 条规定："以参与人为保护其法定权利，知情和辩护所需者为限，行政机关须允许参与人查阅行政程序所涉及的案卷。"《美国联邦行政程序法》规定："书面证言的记录、物证以及程序进行中提出的一切文书和申请书，构成按照本编第 557 节规定作出决定的唯一案卷。当事人缴纳法定的费用以后，有权得到副本。"目前《中华人民共和国行政复议法》[①] 等相关法律、行政法规，以及一些部门规章和地方性法规及规范性文件中都涉及行政相对人对于行政案卷享有一定的阅览权，但是并未明确确立我国行政案卷公开制度，而且对于行政相对人行使阅览权的时间、条件、范围以及费用等其他相关内容没有作出具体的规定，从而严重影响了其阅览权的行使。

行政案卷公开制度具有重要的意义：首先，设置行政案卷公开制度，使行政相对人能够知悉行政机关行使其职权的依据，可

① 《中华人民共和国行政复议法》中关于卷宗阅览权的规定应该说是我国法律层面上相对最完整的，该法第 23 条第 2 款规定："申请人、第三人可以查阅被申请人提出的书面答复、作出具体行政行为的证据、依据和其他有关材料，除涉及国家秘密、商业秘密或者个人隐私外，行政复议机关不得拒绝。"

以在一定程度上规范行政主体行使权力，促使行政机关更好地遵守依法行政原则。因为“对于国家权力来说，让个人了解与其权力行使有关的信息无疑是一种制约其权力行使的外在力量”①。其次，向行政相对人公开行政案卷，有利于行政相对人获得行政主体所持有的对其不利的信息，以便其能够在行政主体作出最终的行政决定之前，行使其陈述与申辩的权利。最后，行政相对人对行政案卷的阅览，扩宽了行政相对人收集证据资料的途径。行政机关案卷中认定的事实很广泛，不仅包含通常意义上所指的案件事实，还包含法律适用与程序性的事实，以及行政主体裁量所考虑的因素等事实。总之包含行政程序中行政主体、行政相对人以及利害关系人的所有活动。该案卷事实不仅包括对行政相对人不利的，还包括对行政相对人有利的资料，行政相对人通过阅览行政案卷从而获得对其有利的行政案卷资料，在之后的行政诉讼中将其提交法院，不仅有利于维护其合法权益，还有利于协助法院查清案件事实，同时为行政相对人更好地履行证据协力义务提供保障。

因此，为了有效监督行政主体依法行政，也为了维护行政相对人的合法权益，扩宽其证据收集渠道，从而使其更好地履行证据协力义务，以协助法院查清案件事实，有必要在我国确立行政案卷公开制度，这也是现代法治的应有之义。

二、法官释明权制度

释明权又称阐明权，是法官对当事者进行询问，要求他们作

---

① 章剑生：《现代行政法基本理论》，2版，法律出版社，2014，第608页。

出解释说明的权限。[①] 我国台湾学者骆永家较为详细地对法官的释明权进行了解释："当事人有时候在诉讼上，他的声明或他的陈述意思不清楚或不充分，或是不当的声明或陈述，或是他所举的证据不够而误以为他所举的证据已经够了，有这些情形的时候，法官站在监护的立场，以发问或晓谕的方式，提醒或启发当事人把不明了的予以澄清，把不充足的予以补充，或把不当的予以排除，或是根本没提的新诉讼资料，启发他去提，这就是法官的阐明权。"[②] 法官的释明权制度发端于英美法系国家，其民事诉讼采取当事人主义的诉讼模式，为了解决当事人在民事诉讼中绝对主导地位所带来的问题，法官的释明权制度由此而生。在我国，民事诉讼起初采取的是超职权的诉讼模式，法官在诉讼中占有绝对主导地位，所以当时并无建立法官释明权制度的空间，但随着目前我国司法改革的逐渐推进，我国的民事诉讼模式开始由超职权主义向当事人主义的诉讼模式不断转变，所以在这种背景之下，法官的释明权制度逐渐开始受到关注，已经有学者开始进行深入的研究。法官的释明权实际上是法官诉讼指挥权的体现，是赋予法官的一项司法权力。[③] 虽然该制度发端于民事诉讼领域，但其实在我国的行政诉讼领域对于法官的释明权制度也有着同样的需求，其在行政诉讼中也有发挥作用的空间。这是因为，我国目前的行政诉讼模式已经不再是单纯的超职权主义诉讼模式

---

① 谷口安平：《程序的正义与诉讼》，王亚新、刘荣军，中国政法大学出版社，1996，第114页。

② 骆永家：《阐明权》，载杨建华主编《民事诉讼法之研讨》（四），台湾三民书局，1993，第169页。

③ 杨钧、秦嫣：《论释明制度》，《法学》2003年第9期，第78~87页。

了，而是开始不断吸收当事人主义诉讼模式中的合理成分，逐渐形成职权主义和当事人主义相结合的诉讼模式;[①] 在案件的审理过程中法官也不再是绝对主导地位，开始强调当事人在诉讼中的积极作用，如在证据调查阶段积极提供证据的证据协力义务。目前，我国行政诉讼相关立法中关于法官释明权内容的规定很少，仅《行政诉讼证据规定》第8条规定了法院应当告知当事人举证范围、举证期限以及逾期提供证据的法律后果。综上，针对我国目前行政诉讼的现状，建立法官的释明权制度既有必要性也有可行性。

在我国行政诉讼中建立法官释明权制度的意义在于：首先，行政诉讼中作为原告的行政相对人和作为被告的行政机关之间其地位往往是不平等的。[②] 原告往往不知道其处分行为将会导致怎样的法律后果，也不知道该提供怎样的证据来证明自己的主张，所以在行政诉讼中，原被告实际上处于一种非完全可对抗的地位。因此，为了使行政诉讼中原被告双方处于或者至少在可能的情况下处于一种能够相抗衡的状态，必须赋予法官一定的释明权，使法官能够根据当事人的具体情况作出衡平。[③] 其次，法官释明权的作用在于保护和辅助当事人，使其能够完全履行其所负有的证据协力义务。因为在行政诉讼中，不负举证责任的原告常

---

① 黄学贤、邹焕聪：《职权主义与当事人主义融合背景下我国行政审判模式的重构》，《广东行政学院学报》2006年第5期，第39~43页。

② 孙琳：《建构我国释明制度之合理性探析》，《黑龙江省政法管理干部学院学报》2005年第4期，第87~89页。

③ 刘泉：《行政诉讼释明程度探析》，《广东社会科学》2013年第3期，第250~256页。

常由于法律知识所限并不知晓其负有证据协力义务，而未能及时提供证据，或者不知道该提供怎样的证据，又或者以为自己已经提供充足的证据而实际上证据并不充分，而最终导致其承担违反证据协力义务的不利后果，这有违实质正义。那么就需要法官在当事人未履行证据协力义务提交相关证据以及提供证据不当时，通过行使释明权，启发当事人应当履行证据协力义务，提供相关证据以及补足不充分的证据，以便在此基础上作出公正的裁判，实现当事人的合法权益。最后，一般而言，在法院审理案件的过程中，有时会出现法官与当事人之间就案件相关问题存在较大分歧的情形，法官释明权的行使便于当事人充分了解其事实认定的依据以及法律的适用，同时有利于当事人有充分陈述的机会，在当事人充分参与程序的基础之上所作出的裁判结果，对于当事人而言是比较容易接受的。这样就减少了其上诉与再审的可能性，有利于节约司法资源，也使案件的裁判结果更加接近于实质的正义，有效地维护了当事人的利益。

三、证人保护制度

行政诉讼中，证人并非案件纠纷的主体，其虽然负有义务出庭陈述证言，但有时会从趋利避害的角度出发，面对拥有强大国家公权力的行政机关，其常常害怕出庭作证，尤其不少证人认为出庭作证没有好处，而且还会带来不必要的麻烦而不愿意出庭作证。为了促使证人更好地履行证据协力义务，积极出庭陈述其证言，协助法院更好地查明案件事实，有必要设立证人保护制度。其实，有时国家对证人保护制度不仅制定了较为完整的法律规定，还设立了证人保护机构。如早在1892年英国就颁布了《证人保护法》，1984年美国颁布了《证人安全改革法案》。就我国而言，目前对证人的保护制度散见于《宪法》《民事诉讼法》《行政诉讼法》《刑事诉讼法》以及《刑法》等法律法规及司法解释中。在行政诉讼的相关立法中，《行政诉讼证据规定》第75条①和第77条②对证人保护作了较为明确的规定。但是，由于我国对于证人保护制度的关注较晚，立法规定较为原则化，不够完善，例如，现行立法主要注重事后的救济、对人身安全方面的保护，却忽视对让人财产和名誉等方面的保护。虽然证人负有出庭作证的义务，但是如果因此让其本人，或者其近亲属承担不必要的经济损失或者人身威胁等不利后果，对其而言显然是十分不公平的。因此，必须完善相关立法，建立系统完善的证人保护制度。

在建立证人保护制度时应该注意以下几点：首先，应将证人的配偶、直系亲属以及亲友纳入保护范围，当其因证人的出庭作证而受到损害以及威胁时可以要求国家给予一定的保护。其次，应当设置相关的事前防范措施，如证人身份的隐匿，即在证人作证前和作证过程中不披露证人的相关身份信息。建全事后救济措施，主要包括制裁、提起民事侵权诉讼、国家赔偿以及设立救助

① 《行政诉讼证据规定》第75条规定："证人、鉴定人因出庭作证或者接受询问而支出的合理费用，由提供证人、鉴定人的一方当事人先行支付，由败诉一方当事人承担。"

② 《行政诉讼证据规定》第77条规定："诉讼参与人或者其他人有对审判人员或者证人、鉴定人、勘验人及其近亲属实施威胁、侮辱、殴打、骚扰或者打击报复等妨碍行政诉讼行为的，依照行政诉讼法第四十九条第一款第（三）项、第（五）项或者第（六）项的规定追究其法律责任。"

基金等。再其次，不仅应当注重对证人人身安全的保护，还应注重对证人财产权、名誉权以及隐私权等方面的保护，如因其作证而支出的合理费用以及损失，应得到足额的补偿以及赔偿。最后，应尽快制定证人保护法，建立证人保护机构，健全相关的配套措施。

四、律师强制代理制度

律师强制代理制度，目前在一些西方国家如英国和德国均有规定，它主要是指在某些法院进行诉讼或对某些特殊案件提起诉讼时，当事人应以受诉法院所许可的律师为诉讼代理人，使其代理进行诉讼。① 律师强制代理的优势明显，行政诉讼较其他诉讼而言，具有更强的专业性与复杂性，不具有专业知识的人通常对行政诉讼难以掌握，因此在行政诉讼中该制度的作用更为显著，主要体现为：首先，有助于强化原告一方的诉讼地位。在民告官的诉讼中，由于原告与被告往往认知和能力不对等，因而在诉讼制度设计中，必须确保原告一方与被告一方均处于同等水平上，才可以更加有力地保护原告一方的合法权益。其次，有利于案件纠纷客观、理性地解决。近年来，我们的行政审判工作确实在监督行政机关方面发挥了重要作用，但是在有些情况下，基于对原告一方不理性行为的判断，也出现了对行政机关格外苛刻的情况，即便在行政机关不违法的情况下，对其某些自由裁量权进行

① 吕立秋：《新〈行政诉讼法〉实施中的律师作用发挥及展望》，《中国法律评论》2016 年第 3 期，第 155～158 页。

了干涉，这使行政秩序遭到了干扰。[①] 这种状况的出现，主要是原告一方的不理性行为产生的压力所致。[②] 因此，为了司法审判权不偏不倚、公正行使，由律师代理原告将是一个最为妥善的解决方案。再其次，有利于法官有效判断案件。在充分有效的原告和被告抗辩机制下的行政审判，行政法官对于案件争议的焦点问题可以有效归纳，有效作出判断，减少法官查阅案件自行研究的强度和频率，充分发挥法官的裁判职能。最后，有利于打造专业的庭审氛围和维护严肃的庭审秩序。行政审判工作中，由于有的原告缺乏专业性，在法庭上有时会根据自己的想法提起一些不尽合理的请求，或者直接在法庭上对法官判决的公正提出质疑，影响了审判的严肃性和庄严感，也缺乏诉讼应有的仪式感，原告一方律师强制代理之后可以有效解决这些问题。

综上所述，由具备专业知识的律师辅助，有利于原告提出充分的事实与证据资料，有效参与诉讼，同时可以更妥善地履行其应尽的证据协力义务，有助于法院发现案件事实，推进诉讼程序，进而保护其合法权益。同时，行政诉讼中律师强制代理制度的引入具有可行性，在行政审判实践中，原告有意愿聘请律师代理，尤其对于上诉的案件，原告更倾向于聘请律师代理。武汉大学林莉红教授带领的课题组开展的中国行政诉讼制度改革的理论与实践研究中对行政诉讼法实施状况进行了实证的调查

---

① 赵树杰：《弱势群体司法制度保护的完善——强制代理制度在行政诉讼中的植入》，《沈阳建筑大学学报》2011 年第 3 期，第 359～362 页。

② 吕立秋：《新〈行政诉讼法〉实施中的律师作用发挥及展望》，《中国法律评论》2016 年第 3 期，第 155～158 页。

研究，其中对律师代理行政诉讼的状况进行了统计，[①] 在2767件一审裁判文书中，以原告聘请诉讼代理为选项进行统计，原告单独聘请律师的比率为39.5%，远高于原告聘请法律工作者（7.6%）与其他公民（17.5%）的比率。在3980件二审裁判文书中，作为行政相对人的原告一方上诉时聘请律师代理（包括律师独立代理，律师与法律工作者、公民的合作代理情形）的比率则为53.8%，仍然占多数。而且，上诉案件中一审原告单独聘请律师代理比率上升，达46.9%，说明行政相对人在不服一审判决的情况下，更倾向由律师代理，[②] 由此可以看出，在行政诉讼中引入律师强制代理制度具有可行性。

同时，在考虑设计中国的律师强制代理制度时，需要注意以下事项：首先，对于法人或者其他组织有法律专业人员出庭的，可以免除强制代理义务，但是法人或者其他组织的出庭人员的资

---

① 武汉大学法学院课题组于2010年11月开始启动中国行政诉讼制度改革的理论与实践研究项目，开展了大规模地对《行政诉讼法》实施现状的实证调查。经调查，行政诉讼一审中原告不聘请代理的占26%，聘请代理的占74%，其中，单独聘请律师的占39.5%、聘请律师和法律工作者的占0.5%、聘请律师和一般公民的占7.1%、单独聘请法律工作者的占7.6%、聘请法律工作者和一般公民的占1%、单独聘请一般公民的占17.5%、不能确定的情形占0.8%。行政诉讼二审中一审原告不聘请代理的占19.9%，聘请代理的占80.1%，其中，单独聘请律师的占46.9%、聘请律师和法律工作者的占0.2%、聘请律师和一般公民的占5.7%、单独聘请法律工作者的占2.1%、聘请法律工作者和一般公民的占0.4%、单独聘请一般公民的占24.8%、没有不能确定的情形。顾大松：《行政诉讼中的律师与律师眼里的行政诉讼——〈行政诉讼法〉实施状况调查报告·律师篇》，《行政法学研究》2013年第3期，第77~85页。

② 顾大松：《行政诉讼中的律师与律师眼里的行政诉讼——〈行政诉讼法〉实施状况调查报告·律师篇》，《行政法学研究》2013年第3期，第77~85页。

质需要经过法庭的认可，否则仍然要履行强制代理义务。[①] 其次，中国的律师队伍中，并非所有律师均具备代理行政诉讼的专业技能，在这个领域，法院和司法行政机关需要加大培训力度，尽快提升律师代理行政诉讼的专业水平，快速壮大代理行政诉讼案件的律师队伍。再其次，必须配套法律援助制度，解决困难群体聘请律师的问题。[②] 最后，行政诉讼中，并非所有的诉讼都适用律师强制代理，需要在法院受理行政案件之后，由行政审判庭的庭长，针对原告没有聘请代理人或者该代理人并不是专业律师的情形，根据法律的规定与案件的实际情况来决定是否适用律师强制代理。一般而言，对于重大案件，即涉及重大公共利益、案件的社会影响力比较大、诉讼的裁判结果会对当事人的家庭产生重大影响，尤其是对老人与儿童的生存、发展会产生重大影响，或者原告属于社会特殊群体的，如残疾人等的案件，法官应当决定适用律师强制代理。但是，针对一些案情简单的案件，若仍适用律师强制代理，可能反而会增加程序的复杂性，造成诉讼的拖延，不利于当事人权益的保护。同时，当事人对其权利享有处分的自由，如果均由律师强制代理诉讼，原告的诉讼行为都由律师代为进行，就不可避免地造成诉讼中对当事人处分权的忽视，所以并非任何诉讼都适用律师强制代理制度。其实，其他国家的行政诉讼也并非所有程序都适用律师强制代理，如德国，一审的案

① 吕立秋：《新〈行政诉讼法〉实施中的律师作用发挥及展望》，《中国法律评论》2016 年第 3 期，第 155 ~ 158 页。

② 李敬：《行政诉讼中法官对律师的看法》，林莉红主编《行政法治的理想与现实——〈行政诉讼法〉实施状况实证研究报告》，北京大学出版社，2014，第 378 页。

件并不适用律师强制代理，但针对上诉程序，则必须适用律师强制代理。[①] 一般而言，律师强制代理制度只适用于重大且复杂的案件，或者侧重于上诉审，具体适用情形，应当由法院根据法律的规定与案件的实际情况来决定。

① 赵树杰：《弱势群体司法制度保护的完善——强制代理制度在行政诉讼中的植入》，《沈阳建筑大学学报》2011 年第 3 期，第 359 ~ 362 页。

结　语

"法学中法律工程的研究主要是对理想的法律工程模型予以思考、设计和理论建构。"① 行政诉讼中，法院对案件的裁判结果有时不仅关系到双方当事人的利益，也常常关系到当事人以外第三人的利益，甚至关系到公共利益。对行政诉讼中原告个体权利的保护有时会不可避免地与公共利益的维护处于一种拉锯状态，因此，如何设置相应的规则来缓解两者之间的拉锯状态是行政诉讼必须解决的问题。但是，应对这一问题并非一朝一夕之事，笔者建议在行政诉讼中设置证据协力义务，不过，笔者不敢奢求单凭对不负举证责任的当事人及当事人以外的第三人科以证据协力义务来完全消除其不出庭作证、隐匿或拒绝提供证据的现象，以及完全解决有的行政诉讼案件中对原告个体权利的保护与公共利益维护的矛盾。将行政诉讼证据协力义务在立法上作出规定可能还需要很长的时间，因为尚需理论探讨与实践积淀。但在当前，规定行政诉讼证据协力义务或可成为应对司法现状的有效

① 姚建宗：《法学研究及其思维方式的思想变革》，《中国社会科学》2012 年第 1 期，第 119 ~ 139 页。

手段。

目前，对行政诉讼证据协力义务的研究，尚未引起我国行政诉讼法学界的重视。笔者希望通过本书的浅薄论述，为理论研究提供一个新的视域，为规制司法实践中证人不出庭作证，不负举证责任的一方当事人或者当事人以外的第三人隐匿、拒绝提供证据的现象提供新的思路。囿于参考资料和笔者水平，本书对行政诉讼证据协力义务的探讨还不够深入，或许还存在值得商榷的观点，还请读者谅解！

附录　行政诉讼证据协力义务的立法建议条文

《行政诉讼法》立法建议条文

第三十九条　人民法院有权要求当事人提供或者补充证据，当事人无正当理由拒绝提供证据的，人民法院可以认定对方当事人关于该证据的主张或依该证据所应证明的事实为真实。

当事人因妨碍他人使用，故意将证据毁灭、隐匿或者致使他人难以使用的，人民法院可酌情认定对方当事人关于该证据的主张或依该证据所应证明的事实为真实。前项情形，于裁判前应给予当事人辩论的机会。

第四十条　人民法院有权向有关行政机关以及其他组织、公民调取证据。但是，不得为证明行政行为合法而调取被告作出行政行为时未收集的证据。

但有下列情形之一的除外：

（一）涉及个人隐私、商业秘密或者国家机密的；

（二）证据专为自己使用而制作的；

（三）证据涉及证言拒绝权事项的。

有关行政机关以及其他组织、公民无正当理由拒不提供证据的，人民法院可以对其处以一万元以下的罚款。

第五十八条 经人民法院传票传唤，当事人无正当理由拒不出庭的，法院可以认定对方当事人所主张的有关询问事项为真实。

人民法院根据申请或者依职权，于必要时可要求当事人本人陈述。当事人无正当理由拒绝陈述时，人民法院可以认定对方当事人所主张的有关陈述事项为真实。

人民法院在要求当事人本人陈述前，当事人应进行宣誓，但未满十六周岁或者有精神疾病而不理解宣誓的含义和作用的除外。当事人无正当理由拒绝履行宣誓义务的，人民法院可以酌情准用本条第二款关于当事人拒绝陈述的处罚规定。

《行政诉讼证据规定》立法建议条文

第三十二条 人民法院对委托或者指定的鉴定部门出具的鉴定书，应当审查是否具有下列内容：

（一）鉴定的内容；

（二）鉴定时提交的相关材料；

（三）鉴定的依据和使用的科学技术手段；

（四）鉴定的过程；

（五）明确的鉴定结论；

（六）鉴定部门和鉴定人鉴定资格的说明；

（七）鉴定人及鉴定部门签名盖章。

前款内容欠缺或者鉴定结论不明确的，人民法院可以要求鉴定部门予以说明、补充鉴定或者重新鉴定。

鉴定人无正当理由不履行鉴定义务的，准用第四十一条第二款关于证人不履行证人义务的处罚规定，但人民法院对鉴定人不得拘传。

鉴定人拒绝陈述证言准用第四十一条第三款关于证人拒绝陈述证言的处罚，或者人民法院认为有其他理由的，也可免除鉴定人的鉴定意见。鉴定人的宣誓义务准用第四十一条第四款关于证人宣誓义务的规定。

第四十一条　凡是知道案件事实的人，都有出庭作证的义务。有下列情形之一的，经人民法院准许，当事人可以提交书面证言：

（一）当事人在行政程序或者庭前证据交换中对证人证言无异议的；

（二）证人因年迈体弱或者行动不便无法出庭的；

（三）证人因路途遥远、交通不便无法出庭的；

（四）证人因自然灾害等不可抗力或者其他意外事故无法出庭的；

（五）证人因其他特殊原因确实无法出庭的。

证人接到人民法院通知，无正当理由拒不到庭陈述证言，人民法院可以对其处以一万元以下的罚款或十五日以下的拘留并可要求其承担因拒绝而产生的诉讼费用；证人已受前项处罚，经再次通知仍不到庭者，必要时法院可以拘传。

证人有下列情形之一时，可拒绝陈述证言：

（一）证人陈述的证言为其职务上应当保守秘密的事项；

（二）证人陈述的证言涉及国家机密的事项；

（三）证人陈述的证言涉及技术或职业上秘密的事项；

（四）证人为当事人的配偶、前配偶、直系血亲、三代以内旁系血亲、两代以内旁系姻亲或过去曾有此等亲属关系的，或与证人订有婚约的；

（五）证人为当事人的监护人或者受监护的人；

（六）证人陈述证言，将使证人或者与证人有第（四）（五）项所规定关系者受到刑事追诉或者蒙上耻辱的。

人民法院在要求证人陈述前，证人应当进行宣誓。但有下列情形之一的，人民法院不得要求证人宣誓：

（一）未满十六周岁或者有精神疾病而不理解宣誓的含义和作用的；

（二）证人与当事人有本条第三款第（四）（五）项关系或者有本条第三款第（四）（五）项关系而不拒绝陈述证言的。

证人有下列情形之一的，可以拒绝陈述宣誓：

（一）与证人本人有直接利害关系的事项而受询问的；

（二）证人与当事人有第四十一条第三款第（四）（五）项关系而就有直接利害关系的事项而受询问的。证人无正当理由拒绝履行宣誓义务的，可准用第四十一条第二款关于证人拒绝到场陈述证言的处罚规定。

主要参考文献

一、著作

毕玉谦．民事证据法及其程序功能［M］．北京：法律出版社，1997.

陈清秀．行政诉讼法［M］．3版．台北：元照出版有限公司，2009.

曹建明．程序公正与诉讼制度改革［M］．北京：人民法院出版社，2002.

陈永革．行政诉讼法学［M］．成都：四川大学出版社，2010.

樊崇义．诉讼原理［M］．2版．北京：法律出版社，2009.

胡建淼．行政诉讼法学［M］．北京：高等教育出版社，2003.

季卫东．法治秩序的建构［M］．北京：中国政法大学出版社，1999.

何海波．实质法治：寻求行政判决的合法性［M］．北京：法律出版社，2009.

黄国昌．民事诉讼理论之新开展［M］．北京：北京大学出版社，2008.

胡肖华．行政诉讼基本理论问题研究［M］．长沙：湖南人民出版社，1999.
胡建森．行政法学［M］．2 版．北京：法律出版社，2003.
黄学贤，陈仪．行政诉讼若干问题研究［M］．厦门：厦门大学出版社，2008.
姜世明．举证责任与真实义务［M］．台北：新学林出版股份有限公司，2006.
姜世明．民事证据法实例研习（二）暨判决评释［M］．台北：新学林出版股份有限公司，2006.
江利红．日本行政诉讼法［M］．北京：知识产权出版社，2008.
林莉红．行政诉讼法学［M］．3 版．武汉：武汉大学出版社，2009.
林腾鹞．行政诉讼法［M］．3 版．台北：三民书局股份有限公司，2009.
刘宗德，赖恒盈．台湾地区行政诉讼：制度、立法与案例［M］．杭州：浙江大学出版社，2011.
张力．阐明权研究［M］．北京：中国政法大学出版社，2006.
龙宗智．相对合理主义［M］．北京：中国政法大学出版社，1999.
刘善春．行政审判实用理论与制度建构［M］．北京：中国法制出版社，2008.
刘飞．德国公法权利救济制度［M］．北京：北京大学出版社，2009.
骆永家．民事举证责任论［M］．3 版．台北：台湾商务印书馆，1981.
李木贵．民事诉讼法（上）[M]．2 版．台北：元照出版有限公司，2010.
刘治斌．法律方法论 [M]．济南：山东人民出版社，2007.
马怀德．行政诉讼原理 [M]．2 版．北京：法律出版社，2009.
强世功．法制与治理：国家转型中的法律 [M]．北京：中国政法大学出版社，2003.
孙万胜．司法权的法理之维 [M]．北京：法律出版社，2002.
林莉红，等．行政诉讼问题专论 [M]．武汉：武汉大学出版社，2010.
汤维建．外国民事诉讼法法学研究 [M]．北京：中国人民大学出版社，2007.
王锡三．民事诉讼法研究 [M]．重庆：重庆大学出版社，1996.
王启富，刘金国．中国人权的司法保障 [M]．厦门：厦门大学出版社，2003.
王学辉．行政诉讼制度比较研究 [M]．北京：中国检察出版社，2004.
王彦．行政诉讼当事人 [M]．北京：人民法院出版社，2005.
汪习根．司法权论：当代中国司法权运行的目标模式、方法与技巧 [M]．武汉：武汉大学出版社，2006.
王连思，等．当代中国行政法 [M]．重庆：重庆出版社，1988.
翁岳生．行政法 [M]．2 版．北京：中国法制出版社，2009.
薛刚凌．行政诉权研究 [M]．北京：华文出版社，1999.
许世宦．证据收集与纠纷解决 [M]．台北：新学林出版股份有限公司，2005.
吴东都．行政诉讼之举证责任：以德国法为中心［M］．台北：学林文化事业有限公司，2001.
杨仁寿．法学方法论［M］．北京：中国政法大学出版社，1999.
应松年．当代中国行政法［M］．北京：中国方正出版社，2005.
杨伟东．权力结构中的行政诉讼［M］．北京：北京大学出版社，2008.
章志远．行政诉讼类型构造研究［M］．北京：法律出版社，2007.
赵清林．行政诉讼类型研究［M］．北京：法律出版社，2008.
张爱球．现代社会中的诉讼功能［M］．北京：中国人民公安大学出版社，2008.
张珉．和谐主义诉讼模式研究［M］．合肥：安徽教育出版社，2009.
张卫平．程序公正实现中的冲突与衡平：外国民事诉讼研究引论［M］．成都：成都出版社，1993.
张卫平．民事诉讼法［M］．5版．北京：法律出版社，2019.
江必新，梁凤云．行政诉讼法理论与实务（上卷）［M］．2版．北京：北京大学出版社，2011.
陈光中，江伟．诉讼法论丛（第9卷）［M］．北京：法律出版社，2004.
谭宗泽．行政诉讼结构研究：以相对人权益保障为中心［M］．北京：法律出版社，2009.
杨海坤，黄学贤．行政诉讼：基本原理与制度完善［M］．北京：

中国人事出版社，2005.
张文郁．权利与救济（三）：实体与程序之交错［M］．台北：元照出版有限公司，2014.
樊崇义．刑事诉讼法学［M］．2 版．北京：中国政法大学出版社，1999.
徐友军．比较刑事程序结构［M］．北京：现代出版社，1992.
汤维建．美国民事诉讼规则［M］．北京：中国检察出版社，2003.
白绿铉．美国民事诉讼法［M］．2 版．北京：经济日报出版社，1998.
张文郁．权利与救济：以行政诉讼为中心［M］．台北：元照出版有限公司，2005.
王天华．行政诉讼的构造：日本行政诉讼法研究［M］．北京：法律出版社，2010.
占善刚，刘显鹏．证据法论［M］．武汉：武汉大学出版社，2009.
翁岳生．行政诉讼法逐条释义［M］．台北：五南图书出版股份有限公司，2002.
王甲乙．民事暨行政诉讼研究［M］．司法周刊社，1996.
周叶中．宪法［M］．2 版．北京：高等教育出版社，北京大学出版社，2005.
许崇德．中国宪法［M］．北京：中国人民大学出版社，1989.
闫庆霞．当事人民事诉讼主张研究［M］．北京：法律出版社，2013.

张树义．寻求行政诉讼制度发展的良性循环［M］．北京：中国政法大学出版社，2000.
孔繁华．行政诉讼性质研究［M］．北京：人民出版社，2011.
刘东亮．行政诉讼目的研究：立法目的和诉讼制度的耦合与差异［M］．北京：中国法制出版社，2011.
吴东镐，徐炳煊．日本行政法［M］．北京：中国政法大学出版社，2011.
赵钢，占善刚，刘学在．民事诉讼法［M］．武汉：武汉大学出版社，2015.
黄启辉．行政救济构造研究：以司法权与行政权之关系为路径［M］．武汉：武汉大学出版社，2012.
王丹红．日本行政诉讼类型法定化制度研究［M］．北京：法律出版社，2012.
江国华．中国行政法：总论［M］．武汉：武汉大学出版社，2012.
谭宗泽．行政诉讼结构研究：以相对人权益保障为中心［M］．北京：法律出版社，2009.
汤维建．民事诉讼法学［M］．北京：北京大学出版社，2008.
谷口安平．程序的正义与诉讼［M］．王亚新，刘荣军，译．北京：中国政法大学出版社，1996.
迈克尔·D. 贝勒斯．法律的原则：一个规范的分析［M］．张文显，等译．北京：中国大百科全书出版社，1996.
藤田宙靖．日本行政法入门［M］．杨桐，译．北京：中国法制出版社，2012.

新堂幸司．新民事诉讼法［M］．林剑锋，译．法律出版社，2008.
莫诺·卡佩莱蒂．比较法视野中的司法程序［M］．徐昕，王奕，译．北京：清华大学出版社，2005.
莫诺·卡佩莱蒂，等．当事人基本程序保障权与未来的民事诉讼［M］．徐昕，译．北京：法律出版社，2000.
盐野宏．行政法［M］．杨建顺，译．北京：法律出版社，1999.
卡罗尔·哈洛，理查德·罗林斯．法律与行政（下册）［M］．杨伟东，等译．北京：商务印书馆，2004.
高桥宏志．重点讲义民事诉讼法［M］．张卫平，许可，译．北京：法律出版社，2007.

二、期刊文献

毕玉谦．关于创设民事诉讼证明妨碍制度的基本视野［J］．证据科学，2010（15）.
陈峰，黄学贤．协力行政的兴起及其行为型态探析［J］．求是学刊，2010（1）.
陈峰．论行政程序中当事人协力义务的相对性：以行政调查程序为例［J］．学习论坛，2010（1）.
陈敏．租税稽征程序之协力义务［J］．政大法学评论，1988（37）.
辜恩臻．论当事人协力义务的正当性与制度构建［J］．东南司法评论，2008.
韩朝炜．我国税务行政诉讼举证责任分配制度的构建［J］．经济导刊，2012（1）.

华燕．论行政程序中相对人迟延举证及其诉讼后果:兼谈对《最高人民法院关于行政诉讼证据若干问题的规定》的检讨［J］．行政法学研究，2011（4）．
黄源浩．营业税法上协力义务及违反义务之法律效果［J］．财税研究，2003（3）．
黄学贤．行政法中的比例原则研究［J］．法律科学，2001（1）．
黄学贤．行政法中的法律保留原则研究［J］．中国法学．2004（5）．
江春明．卫生行政处罚调查程序中相对人协力行为研究［J］．中国卫生法制，2011（5）．
李莉．大陆法系行政调查中公民调查义务的规范实证分析［J］．经济研究导刊，2009（14）．
李卫芳．税务行政诉讼若干法律问题之探讨［J］．经济师，2006（10）．
马岭．公民义务的相对性：一个新的分析视角［J］．法律科学，1993（6）．
宋雅芳．论行政调查中相对人协助义务的限度［J］．河南社会科学，2006（5）．
田平安，刘春梅．试论协同型民事诉讼模式的建立［J］．现代法学，2003（1）．
奚玮，余茂玉．论民事诉讼中的证明妨碍［J］．河北法学，2007（3）．
王丕琢．简论公民义务的相对性［J］．滨州师专学报，1998（1）．
于一贫．税务行政诉讼中原告纳税人的举证责任［J］．税务，2003（7）．

袁莎莎，杨利琼．我国行政诉讼模式探讨［J］．长江大学学报（社会科学版），2009（3）．

林科诨．法院与当事人的取证权之争：以台湾诉讼模式改革前后为观察视野［J］．黔南民族师范学院学报，2011（4）．

杨永纯．关于民事诉讼模式的再讨论［J］．山东社会科学，2007（10）．

杨伟东．行政诉讼目的探讨［J］．国家行政学院学报，2004（3）．

杨小君．试析行政诉讼与民事诉讼的差异［J］．西北政法学院学报，1987（3）．

赵信会，韩清．民事诉讼证明妨碍制度的构建——以协同主义理论为视角［J］．河北法学，2012（9）．

张志凡．行政诉讼中法院依职权调取证据制度之反思［J］．韶关学院学报，2011（1）．

章建生．论行政处罚中当事人之协助［J］．华东政法学院学报，2006（4）．

占善刚、刘丹．民事诉讼中的勘验协力义务论析［J］．证据科学，2013（5）．

张晓霞．论民事诉讼中的证明妨碍［J］．法学杂志，2010（S1）．

章志远．我国行政诉讼类型化研究述评［J］．河南司法警官职业学院学报，2006（3）．

姜明安．法学家眼中的和谐社会：完善行政救济机制与构建和谐社会［J］．法学，2005（5）．

杨钧，秦嫣．论释明制度［J］．法学，2003（9）．

廖克林．国家权力、国家机关职权和公民权利刍议［J］．贵州社会科学，2001（6）．

林莉红，宋国涛．中国行政审判法官的知与行：《行政诉讼法》实施状况调查报告·法官卷［J］．行政法学研究，2013（2）．

尹剑斌，赖中茂，江金峰．论行政法上的平等原则［J］．广西政法管理干部学院学报，2003（3）．

王万华．行政诉讼原告资格［J］．行政法学研究，1997（2）．

黄学贤．行政诉讼原告资格若干问题探讨［J］．法学，2006（8）．

王鹏．试论法官的“释明权”及其行使［J］．经济与社会发展，2003（6）．

江伟，刘荣军．民事诉讼中当事人与法院的作用分担：兼论民事诉讼模式［J］．法学家，1999（3）．

刘泉．行政诉讼释明程度探析［J］．广东社会科学，2013（3）．

孙琳．建构我国释明制度之合理性探析［J］．黑龙江省政法管理干部学院学报，2005（4）．

林莉红．论行政诉讼模式与举证责任原则的运用［J］．法学评论，1995（5）．

梁潇．试论“协同行政诉讼模式”在我国的建立［J］．河北法学，2013（8）．

周佑勇．行政行为的效力研究［J］．法学评论，1998（3）．

王宗光．职权主义：我国行政审判模式的必然选择［J］．政治与法律，2001（4）．

黄贤宏．对行政相对人的法律探讨［J］．河北法学，2000（2）．

王克稳．论行政诉讼中利害关系人的原告资格：以两案为例［J］．行政法学研究，2013（1）．
李修琼．论我国行政审判的职权主义特色［J］．行政与法，2002（8）．
张显伟，蒙晓毅．有限职权主义在行政诉讼中的确立及运用［J］．学术论坛，2007（10）．
邓刚宏．论我国行政诉讼功能模式及其理论价值［J］．中国法学，2009（5）．
费宗祎，江必新．建立我国行政诉讼制度的若干问题［J］．现代法学，1987（4）．
徐显明．何谓司法公正［J］．文史哲，1999（6）．
宋炉安．司法最终权：行政诉讼引发的思考［J］．行政法学研究，1999（4）．
林莉红．论行政救济的原则［J］．法制与社会发展，1999（4）．
罗旭南，黄丽环．论行政诉讼的司法变更权［J］．行政与法，2005（9）．
潘牧天．论我国行政诉讼举证责任规则的配置与适用［J］．河北法学，2010（1）．
何家弘．刑事诉讼中举证责任分配之我见［J］．政治与法律，2002（3）．
钱颖萍．论大陆法系证据调查及其对我国的启示：以当事人的权利保障为中心［J］．河北法学，2012（5）．

三、学位论文

陈鹏．论行政相对人在行政处罚调查程序中的协助义务［D］．呼和浩特：内蒙古大学，2012.

崔宝宁．民事诉讼证明妨碍研究［D］．北京：中国政法大学，2011.

郭洪斌．税务行政诉讼证据研究［D］．杭州：浙江财经大学，2010.

陆冬英．中国行政诉讼举证责任梳理［D］．苏州：苏州大学，2003.

刘颖．我国行政诉讼模式研究［D］．南宁：广西民族大学，2009.

林淞．税收征管程序中的当事人协力义务研究［D］．厦门：厦门大学，2008.

孙瑜蓓．论行政程序中行政相对人协力行为［D］．苏州：苏州大学，2009.

田宇红．论行政诉讼举证责任之分配与转移［D］．北京：中国政法大学，2006.

王瑶．不负举证责任一方当事人之事案解明义务［D］．北京：中国政法大学，2010.

王永晔．浅析税务行政诉讼中的举证责任［D］．苏州：苏州大学，2011.

闫方超．论民事诉讼中的文书提出义务［D］．北京：中国政法大学，2011．

王淇．行政调查程序中相对人的协助义务［D］．长沙：中南大学，2011．

曾文远．行政诉讼证明责任研究［D］．北京：中国政法大学，2007．

张永伟．论行政审判方式改革［D］．北京：北京大学，1998．